赵堡太极拳图说

孙永城 编著

上海科学技术文献出版社
Shanghai Scientific and Technological Literature Press

图书在版编目（CIP）数据

赵堡太极拳图说 / 孙永城编著 . —上海：上海科学技术文献出版社，2017.8

ISBN 978-7-5439-7464-7

Ⅰ . ① 赵… Ⅱ . ①孙… Ⅲ . ①太极拳—图解 Ⅳ . ① G852.11-64

中国版本图书馆 CIP 数据核字 (2017) 第 145049 号

责任编辑：李　莺
封面设计：樱　桃
版式设计：袁　力

赵堡太极拳图说
孙永城　编著
出版发行：上海科学技术文献出版社
地　　址：上海市长乐路 746 号
邮政编码：200040
经　　销：全国新华书店
印　　刷：常熟市文化印刷有限公司
开　　本：787×1092　1/16
印　　张：11.75
版　　次：2017 年 8 月第 1 版　2017 年 8 月第 1 次印刷
书　　号：ISBN 978-7-5439-7464-7
定　　价：98.00 元
http://www.sstlp.com

总顾问

岳崇和

编著

孙永城

编委会

（按姓氏笔画排序）

王尉涛　王斌奇　付聪聪　孙永城　孙军利　朱　惠

邬腾项　张　军　张晓伟　张潘琪　郑　杰　鱼李新

施　平　倪作恒　翁博嘉　彭成林 等

摄　　影：张潘琪

书名题写：吴旦新

序 言

亲爱的朋友，当您打开这本书的时候，便开始了一段探索太极的旅程，在这里会有我们和您一路前行，一起享受太极的无穷乐趣，一起收获全面的身心健康！

我从2006年开始教授太极拳至今已十年有余。这十年多我一直思考的问题是：该怎么教，学生们才更容易理解，更容易接受？除了言传身教，有没有可能通过书籍资料将太极的各层功夫传授给太极爱好者们？

我们都知道，学习要从零开始把基础打好，然后才有可能逐步深入提高。赵堡太极拳历代祖师先贤都强调一层功夫一层理，那么根基要从哪里开始？第一层的瓶颈如何突破？之后又该怎么进入第二层、第三层，乃至以武入道？传统武学不可能无师自通，必须有师父带领引路方能登堂入室，但明师难遇，除非有极好的机缘。

在教学过程中我一直注意总结积累，希望有一天能整理出一套可以让大家看得明白，学得会的资料。2010年完成了第一版的教程初稿，在面授教学中使用了两年。到2012年的时候，我和几位学员用三个多月时间拍摄制作了一套教学视频，将拳架七十五式分三十八节课分段讲解。虽然没有专业的设备和技术，教学视频制作比较粗糙，但这套教学视频放到网站上后收到了意想不到的反响，全国各地众多拳友打来电话表达感激，并询问是否有相关的书面学习资料。遗憾的是，当时我还拿不出来初学者可以使用的书面教程。拿不出手的原因是当时曾将书稿拿去给几个没有学过的朋友看，大家一致反映：几乎看不懂，根本不可能按这个书面教程学习！

这样的反馈让我再一次深入思考，该用什么样的形式，又该如何表述才能既直观清晰又浅显易懂？带着这样的思考，又经历了四年时间的修改才最终完成本书稿。

此次出版的是初级内容，中、高级部分会在今后五到十年内陆续出版完成。初级内容涵盖对太极拳基本理念的认知以及初级教程图解，教程部分与中级和高级会有区别，希望各位太极爱好者能按部就班打好基础，逐层深入学习。

赵堡太极四百多年传承有序，内涵深不可测，由于我水平能力有限，难免挂一漏万，希望各位读者不吝赐教。

2016年12月于上海赵堡太极会馆

录

赵堡太极拳图说

认知篇

太極柔體

無形無相全體透空
應物自然西山懸磬
虎吼猿鳴水清河靜
翻江播海盡性立命

缘　起

孙永城

每个人的小时候都有一些难忘的回忆，我记忆中最深刻的就是那一次因祸得福，由于病痛的经历而结缘了受益终生的太极。

我初中就读的学校离家将近七公里。当时家里比较贫困，没有交通工具，只能跑步去学校。最初每天往返一次，到后来为了省下午饭钱，中午跑回家吃顿午饭再回学校，每天往返两次，行程将近二十八公里。

男孩子的童年都是好动的，加之每天坚持跑步使得身体渐渐强壮起来。然而，意想不到的事情发生了：不到十五岁，我膝关节就开始出现问题，常常会在阴雨天感觉隐隐作痛。起先没有太在意，但后来逐步严重到每逢阴雨天气都不能正常行走。看了医生，配了些药膏，医嘱是疼的时候用些膏药，平时注意保暖和减少运动，然而这些并没有什么明显的改善效果。

那段痛苦的日子记忆犹新，尤其是在学校里，日常学习生活都受到了严重影响。当时我们班在二楼，膝关节犯病的时候不能下楼。吃饭还好，可以让同学帮忙带一点，可其他的事情就难以代办了。无奈情况下，我只能扶着护栏，一步步倒退着走下楼梯，稍有不慎就会踏空摔倒。

父母真正意识到问题的严重性是在一个阴雨的周日，我坐在凳子上艰难地用两手撑着桌子勉强站起来，父亲看到这一幕摇头叹着气说了一句我一辈子都忘不了的话：“你才十几岁膝盖都这样了，到三十来岁时还能下得了床吗？”我至今都不能忘怀那时自己的绝望。

转机出现在一次偶然的探访，当时我随家兄去赵堡太极拳大师岳崇和先生家中望夏尽孝。临走告别时，我竟然深陷沙发中无法站立，无奈之下只得翻身双膝跪地，上身向前趴在沙发上，用胳膊撑起身体勉强站起来。师父见到此情此景非常惊讶，问明缘由后低头想了一会说："练练拳吧，平时先跟你哥哥把套路练练，抽空到我这里来。"

从此开始了我的太极生涯，现在想来，还真是因祸得福。

刚开始跟着家兄学套路，整个暑假在家里就只练一个起势动作。说实话，我们的拳法动作非常朴实，并不像大家平时看到的其他拳法那样优美，以我向来喜欢的武侠片标准来看,这些动作简直太难看了。当时如果不是因为膝盖不好,有了师父的命令（惧怕他老人家的威严），真心不想练。

就这么心不甘情不愿地练了一个多月，当时天热，依然带着两三层护膝没意识到改变。直到秋天开学后的一次经历，让我对太极拳的看法彻底改变过来。那天午后自习的时候，本来晴好的天气，突然天色暗下来开始下雨。雨很急，一群人一冲出教室就朝宿舍方向飞奔过去，几个关系好的同学一边跑一边责问我："今天下雨怎么不告诉我们啊？"我说："我被子也在外面呐！"要知道以前只要天气稍微有一点点变化，我膝盖都会疼痛，连这种小阵雨也能准确预报，以至于同学们晾晒衣被不看天，只听我预报。

跑着跑着,我忽然感觉哪里不对,想起来膝关节没有疼得让我能准确预报这场阵雨,而且我竟然是跑下楼梯的。雨中抱着湿漉漉的被子奔跑着的我，看到同学们因衣服被褥给淋湿了一脸沮丧，而我自己却满心欢喜，因为我知道使我和家里人几近绝望的病痛真的有希望了!

初级套路跟哥哥学完时，我膝关节的病痛已经痊愈，随后正式拜入岳老师门下，开始了我与太极拳的不解之缘。

一晃近二十年过去了,我的拳艺也算有些小成,曾获得香港国际武术节太极拳冠军。恩师常鼓励我遵照师门祖师先贤"此拳不可妄传；倘果得其人，必尽情教之；倘得其人不传，如同绝嗣；能广传更好"的教训大力推广拳法、造福国人。自 2008 年开始我在上海、浙江、江苏、福建等地传播推广这门传承四百余年的古拳法。

赵堡太极拳传承

孙永城（左）与张潘琪

赵堡太极为北派太极正宗。张三丰之后，太极拳经由云游道人传于山右（古称山西为“山右”）王宗岳。王宗岳学得太极拳，受师父告诫，对他人不得明示师父姓名,只说是“云游道人”所传。在其《太极拳势》的最后写：“此系武当山张三丰祖师遗愿，欲天下英雄豪杰延年益寿，不徒作技艺之末耳。”

王宗岳生于明嘉靖十四年（1535）左右，山西阳城县七里岗小王庄人，经常往来于阳城与河南郑州之间经商做生意。由于他对太极拳有极高修养，人称“华北大侠”。他在太极拳的发展史上贡献十分突出，著有《太极拳论》，概括了太极拳理论与实践的真谛，指导着太极拳的健康发展，被后来的太极拳各流派尊为经典之首。他还独具慧眼，按照武当内家拳的择徒原则，选择河南赵堡蒋发作为衣钵传人，使太极拳北派能够开创形成，功莫大焉。

第一代宗师　蒋发

据赵堡太极拳宗师郑悟清述、郑瑞整理的《武当赵堡和式太极拳阐秘》载：明万历年间，山西阳城王宗岳一行，到郑州检查生意，住宿赵堡，见数人练拳，议论说其中穿紫花布衫的蒋发，天质可教。蒋发知道后恳求拜师学艺，王宗岳经多方考察方才应允。蒋发敬师如父，师徒如同父子。因王宗岳年事已高，就由其女代父授拳于蒋发。蒋发回来传拳于赵堡，人们因此称赵堡太极拳为“大姑娘拳”。

蒋发（1574—1655）生于明万历二年，河南怀庆府温县赵堡小留村人。据赵堡太极拳第九代传人杜元化所著《太极拳正宗》（1935 年石印版）载：蒋发先师生于大明万历二年，二十二岁时，从山西王宗岳学拳七年。又据陈长兴的一篇太极拳源流的《序》

中讲：蒋发为王宗岳门下之高弟子，得内家武当派悟修之真传。

蒋发学艺时，王宗岳常对其言：“吾将此拳秘诀传汝，而后汝必择人而传，不可不慎。”蒋发学艺功成后归家，王宗岳以自己心得笔记八册相赠，并再三叮嘱，曰：“此拳不可妄传。倘果得其人，必尽情教之。倘得其人不传，如同绝嗣。能广传更好。”

蒋发归家后谨遵师训，订下“不忠不孝者不传、不仁不义者不传、心险好斗者不传、人格低下者不传、贪酒好色者不传、轻露卖弄者不传”等十不传的规矩。后又以数年考察贤仁，而所怀绝技含而不露，终得邢喜怀为理想的传授弟子。时蒋发已经三十二岁。

蒋发开创太极拳北派，根据祖师张三丰的《太极炼丹秘诀》中的“太极十要诀”、“太极行功法”，口传一篇《太极拳功》，由弟子们记述得以流传。

第二代宗师　邢喜怀

邢喜怀（1589—1679），河南温县赵堡镇人，开布行经商，蒋发太极拳衣钵传人。蒋发由山西回小留村后，家贫地少，从事制布袋的手工行当，所制布袋要到集镇赵堡镇销售，再从集镇上购买制布袋的布料，这就与在布行的邢喜怀结下机缘。蒋发经过多年对邢喜怀的考察，直至明万历三十四年（1606 年）才正式收徒传拳。邢喜怀为赵堡太极拳第二代传人，接传了赵堡太极拳之全部理法，练拳刻苦，拳技高超，成就惊人。他遵从师训选贤传授的教诲，将太极拳传给了自己的异姓兄弟张楚臣，是为赵堡太极拳第三代传人。

第三代宗师　张楚臣

张楚臣（1628—1712），原籍山西，从山西到赵堡镇经商，开始是开鲜菜铺，后来生意有所发展，改为开粮行。由于他品行端正，在赵堡镇备受尊敬。他和邢喜怀接触后，两人结拜为异姓兄弟。邢喜怀将赵堡太极拳全部传授于他。

张楚臣不善言辞，但其内功惊世骇人，有“隔山打牛（隔物打物）”之高超武林绝技。当时在赵堡镇盛传，张楚臣为救人隔着人击倒受惊坐骑的惊人故事。

张楚臣得到真传之后，艺精技奥，融养生技击于一体，德高望重，著有《太极拳秘传》等论述。他以师传规矩，选贤者陈敬柏传授技艺。

第四代宗师　陈敬柏

陈敬柏（1663—1745），随祖上陈文举落户到赵堡镇，张楚臣见陈敬柏人品端正，办事可靠，就收他为徒。

陈敬柏武功高强，将赵堡太极拳推到了鼎盛时期。他广传了赵堡太极拳，跟他学拳的有八百多人，其中得其一技之长的有十六人，得其基本的有八人，能全面继承他拳艺的只有张宗禹一人。后世陈家沟的“陈式”太极拳就是自陈敬柏传拳给宗族兄弟陈继夏而诞生的。

陈敬柏神奇的太极拳功夫，到晚年还保持炉火纯青的状态。在赵堡，至今还流传有他年过八旬还与人比武的故事。山东有个武士外号叫“黑狸虎”，勇猛异常，曾经在一次切磋技艺时败给陈敬柏。十年后，他又来到赵堡镇，要找陈敬柏讨回面子。这时，陈敬柏已经八十多岁。两人在赵堡村北孙真神庙柏树林中交手，“黑狸虎”仗着自己身强力壮，步步逼紧，招招致命。陈敬柏步步相让，圈圈连环，将“黑狸虎”的凶猛进攻一一化解，并且战且退，退到一棵大柏树前，“黑狸虎”以为陈敬柏年老力衰，没有还手之力了，用出他的杀手绝招“黑虎掏心”，左手出其不意地往陈敬柏面前一晃，右手如迅雷般直奔陈敬柏胸口。陈敬柏应以赵堡太极拳中的“伏虎”招法，不理“黑狸虎”左手的虚招，身体稍微向左引化，左手往下一搂“黑狸虎”的右拳，右拳佯攻“黑狸虎”的胸前。“黑狸虎”急忙用左手格开陈敬柏的右手，陈敬柏乘势以右肩一个“迎门靠”把“黑狸虎”靠飞出去，“黑狸虎”的头正好撞在大树上，当场毙命。陈敬柏此时背靠柏树精疲力竭，奄奄一息，回家不久后也去世了。后来，赵堡就流传了“打死山东客，累死陈敬柏”的故事。

第五代宗师　张宗禹

张宗禹（1724—1807），赵堡太极拳第五代传人。其拳艺十分高超，能达到“一羽不能加，蝇虫不能落”的境界。一生传人较多，惟其侄孙张彦、原复孔得其真传。

原复孔经营药业兼习武，在大名府开设了中药店，他讲信誉，善经营，人气旺，效益好，待师如父。原复孔虚心好学，尽得恩师亲传，其文武兼备，拳艺表纯，尊师重道，享誉赵堡。张宗禹故后为其师操办丧事，并守孝百日，颇得后人称道（原氏后人原宝山语）。

张宗禹有侄孙张彦，承其技艺。张公晚年病危之际，恰只有张彦在榻前侍奉，爱徒原复孔代师赴大名府打理生意未归，张公遂留下遗言命张彦代传太极心法秘钥。原复孔归来为师办理丧事后，由师弟张彦授以太极心法秘钥，原复孔与张彦两人由此成为赵堡太极拳的第六代宗师。

第六代宗师　张彦

张彦（1765—1843），赵堡太极拳第六代传人，人称“神手张彦”，是位杰出的赵堡太极拳继承人，不仅功夫全面，且能博采众长。他曾走出赵堡镇，遍访各地武术名家，交流拳艺，曾先后拜访过河南省汜水县的武科隽杰苌乃周，山东曹州府的“千里王”黄当家。他的剑术也达到了出神入化的境界，曾在山东曹县斩巨蟒、除恶棍、杀凶僧，为当地人除三害而名震武坛。

张彦与陈敬柏的孙子陈鹏是朋友，陈鹏介绍陈清平给张彦，说陈清平为人正直，年轻好学，并且十分喜爱太极拳艺，请张彦收他为徒。张彦听从了好朋友的建议，将太极拳传给了陈清平，这些事情张氏家族代代传讲。

第七代宗师　陈清平

陈清平（1796—1865），赵堡太极拳第七代传人，是赵堡太极拳历史上一个具有改革、开拓精神的宗师，他把赵堡太极拳进一步发扬光大。陈清平的祖上从山西迁入温县，就落户于赵堡镇小刘村。到了第13世，陈万拔、陈万选兄弟两人从小刘村迁入王圪挡村，陈万拔是陈清平的爷爷。陈万拔有两个儿子陈锡辂和陈锡章。陈锡辂又从王圪挡村再迁入赵堡镇。自其父陈锡辂在赵堡镇开粮行定居赵堡镇以后，陈清平子承父业，认真打理，陈氏粮业兴盛，家庭生活殷实，是当时赵堡镇的一大富户，有三房妻妾。陈清平得神手张彦的传授，深究细研，拳艺臻于化境，曾于赵堡镇南门永安寺设场传艺授拳。

陈清平是位文武兼备的武林奇才，不仅拳艺高超，而且善于总结教拳的经验，并上升为理论。教学中他善于因材施教，曾按习拳者的不同情况分别教授代理架、领落架或腾挪架。

在北派太极拳发展史上，陈清平做出了卓越贡献。现代广为流传的"杨氏"以及"武式"、"吴式"、"孙式"太极拳均得益于赵堡太极拳第七代宗师陈清平。

杨式太极拳创始人杨禄禅1896年曾在其《杨氏太极拳》一书的序中写道："（我）学太极拳于陈家沟陈长兴，得拳理于赵堡镇的陈清平"。武式太极拳创始人武禹襄不仅从陈清平处学到了太极拳精妙的技艺和拳理，而且还从他那里得到了赵堡太极秘传拳谱，并据此谱创编了武式太极拳。

陈清平还将此拳传给其子陈景阳以及和兆元、牛发虎、李景颜、李作智、任长春等人，这些人都是赵堡太极拳的第八代传人。其中以和兆元的技艺最为突出，曾担任中国清朝元老李棠阶的侍卫，被封为武信郎之职。

第八代宗师　和兆元

和兆元（1811—1891），字育庵，河南温县赵堡镇人，出身于书香门第，中医世家，师从于一代宗师陈清平。因生性聪颖，且尊师重道，深得师父器重，全面继承了拳技、内功心法。神手张彦云游归乡后，又对其精心指点，使得他通悟拳理。清朝末年，应三朝元老太子太保李棠阶之邀，一同进京。

在京期间，和兆元曾多次随李棠阶（晚清历任大理寺卿、礼部尚书、军机大臣等）北上巡视，南下主考，屡遇强寇，他都能以技赢人，以德服人。和兆元许多脍炙人口的传奇故事至今仍在赵堡镇等地流传。

和兆元某次途经邯郸地方，为告诫当地一山大王改邪归正，曾显示以蜡木杆刺槐树之内功，因武艺出众，威震京师武林。李棠阶考翰林时的主考官体仁阁大学士祁藻闻知和兆元之功夫，即召和兆元问及武功情况，对答学太极拳于宗师陈清平等诸事。后承大学士以易理为其太极拳作理论充实。和兆元经钻研学习，遂融合在拳艺实践中。

和兆元为人正直，最恨贪官污吏，平日怜老惜贫，深受江湖同道敬重。咸丰末年，怀庆府一带久旱不雨，灾情严重，李棠阶奉诏察看灾情，和兆元随李前往。一路上，他保李棠阶战响马、抚饥民，深入怀庆民间，了解百姓疾苦，将真实情况上报朝廷，朝廷下诏减轻怀庆府一带百姓赋税，故里一带人民深受其惠。同治二年（1863 年），慈禧太后之侄、悍将胜保因平叛有功，居功自傲，纵容部下胡作非为，李棠阶上书弹劾胜保，胜保下狱后，李棠阶受命审理此案。慈禧遣人求情，又许以重金，均被李拒绝。慈禧又遣人求助于和兆元，望其从中斡旋，但和兆元深恨胜保害民，不予理会，后胜保被斩，因此，慈禧与李、和二人结下了怨隙，伺机报复。一日，慈禧庆寿，诏见李棠阶夫人，闲谈中，慈禧突然问“女人大脚好还是小脚好？”李夫人哪知慈禧问话背后藏有阴谋，随口答道：“小脚好！”慈禧因是满人，是大脚，于是便给李夫人定了个欺君之罪，赐白绫三尺逼其自缢身亡。和兆元闻听大怒，遂大闹皇宫，失手打死了皇宫一个护卫，也被定成死罪。后被众大臣力保，才被削职为民，遣返故里。

一八四九年和兆元随李棠阶返乡后，向师陈清平叙说心得体会，很得陈清平青睐，夸其“闻一知十，拳艺独得骊珠之妙”。和兆元在原传拳架的基础上，修改架式中的手法、身法、步法与姿势，大大增加技击实用内容，并使架式更顺其自然，完全符合人体生理结构，开创了太极拳“代理架”之先河。陈师认为确有创新发展，有独特之处，可以自立门派。陈师豁达之心胸深为和兆元所感动，为谢师恩，誓师曰：“和氏太极拳仍以赵堡传承排列，标异不分宗。”师亦乐之。这套拳架强调理法自然，故行功走架又称“要拳”。整个拳架朴实无华、势简径捷，以体用一致为要求促进拳架、推手、散手三合为一，技理相合。通过朝夕盘架增强自身功夫，通过推手实践矫正拳架，直至最终用于实战。

和兆元晚年后以研拳传拳自娱，著有《太极拳谱》、《太极拳行功要论》等拳论。长子润芝、次子勉芝、三子敬芝、四子慎芝及长孙和庆喜均得真传。

第九代宗师　和庆喜

和庆喜（1857 年—1936 年），字福棠，和兆元之长孙。他深得祖父真传，是赵堡太极拳第九代宗师。修炼赵堡太极拳二十六年，功艺纯正，技压群芳。三十二岁因家庭生活拮据，被迫弃武经商。在经商的艰苦岁月中，和庆喜始终牢记祖父的临终教诲：“福棠，福棠，日后与人交手，挨打也不要改拳架（指代理架），挨打怨你没工夫，挨打在拳架里找。”民国十七年（1928）国家提倡发扬国术，和庆喜虽年逾古稀，但“老骥伏枥，志在千里”，“烈士暮年，壮心不已”，仅用八个月时间把赵堡太极拳套路全部恢复。终在乱世中保全了赵堡太极拳香火延续，使之得以发扬光大。

和庆喜为人和善，德高望重，视学者年龄、体质、文化不同施以不同教法，教学有方。一时间赵堡镇及周围各地习拳之风盛行，从学者众。在短短数年内，教出了郑悟清、郑伯英、郝玉朝等一批优秀传人，这些传人成为日后将赵堡太极拳从赵堡村传向大江南北的中坚力量。

第十代宗师　郑悟清

郑悟清（1895—1984），字凤臣，赵堡太极拳第十代宗师。郑公自幼患不治之疾童子痨、胃出血，致而立之年医药无效，故随赵堡太极拳第九代宗师和庆喜学习“代理架”功法，如鱼得水，竟得痊愈。苦修三年并持之以恒，终得太极之真谛。并结识享誉黄河两岸的堪舆大家安伯一先生。郑悟清在理、数、象学方面受益于安先生。郑悟清深究易理，博览群书，将儒、释、道、医、兵、书法、文史等诸子百家学说融于太极拳中。并运用经络学说，人体力学，根据自己的实践心得，进一步升华太极拳养生延年之功效，使自己三十岁前的不愈之体竟延续至九十岁无疾而终，生命又延续了六十年，并将养生健身之法传给众人，使更多人受益。

民国二十年（1931），社会动荡，军阀混战，各行业萧条，典当停业。郑悟清因以多年的敬业精神清理东家四年账目手续有功，被东家推荐到德国美孚石油公司中最优越的山西绛州工作，暂时缓解全家生计困难。1937 年日寇侵华，郑悟清举家避难。1938 年山西沦陷，郑悟清后移居西安四十余年，广传门徒，至此彻底结束了赵堡太极拳不出村的历史。

郑悟清光明磊落，一身正气，平生低调，虚怀若谷。郑悟清所教拳架小巧细腻，灵活多变，人称“小架”。郑悟清儒学功底厚实，对太极理论的理解深刻见解新颖，教拳练拳一生，恒心不变。郑悟清授拳半个世纪，桃李广布，其主要传人有次子郑钧等。

第十一代宗师　郑钧

郑钧（1933—2016），为赵堡太极拳第十代宗师郑悟清次子。自幼随父习拳，数十年与父朝夕相处形影不离，得父言传身教，能心领神会，悟其中三昧。后随其父于黄埔军校第七分校（陕西凤翔）任教，代父传艺，年深月久终成赵堡太极拳一代宗师。一九五八年，郑钧进入西安市搪瓷厂从事喷砂等工作罹患三期矽肺，后回老家河南赵堡务农。虽然三期矽肺被医学界认定只能安而静养，生活不能自理，然而之后的五十多年，依然神清气爽器宇轩昂，全是仰仗长期修炼赵堡太极拳的神奇功效。

第十二代明师　岳崇和

岳崇和，生于一九三九年，自幼拜当地名师学医，十六岁起开方行医悬壶济世，享誉豫北。后随舅父赵堡太极拳第十一代宗师郑钧先生学习赵堡太极拳，又经大舅郑瑞以及外祖父郑悟清悉心指导多年，深得赵堡太极拳之精髓。经数十年如一日的刻苦习练，又将传统中医养生体系融入太极拳，进一步提升了太极拳的养生功效，终成赵堡太极拳第十二代明师。岳先生门徒众多，得其精髓者有孙军利、孙永城等。

赵堡太极拳传承谱系

第一代
蒋　发
第二代
邢喜怀
第三代
张楚臣
第四代
陈敬柏
第五代
张宗禹
第六代
张　彦
第七代
陈清平
第八代
和兆元
第九代
和庆喜
第十代
郑悟清
太
极

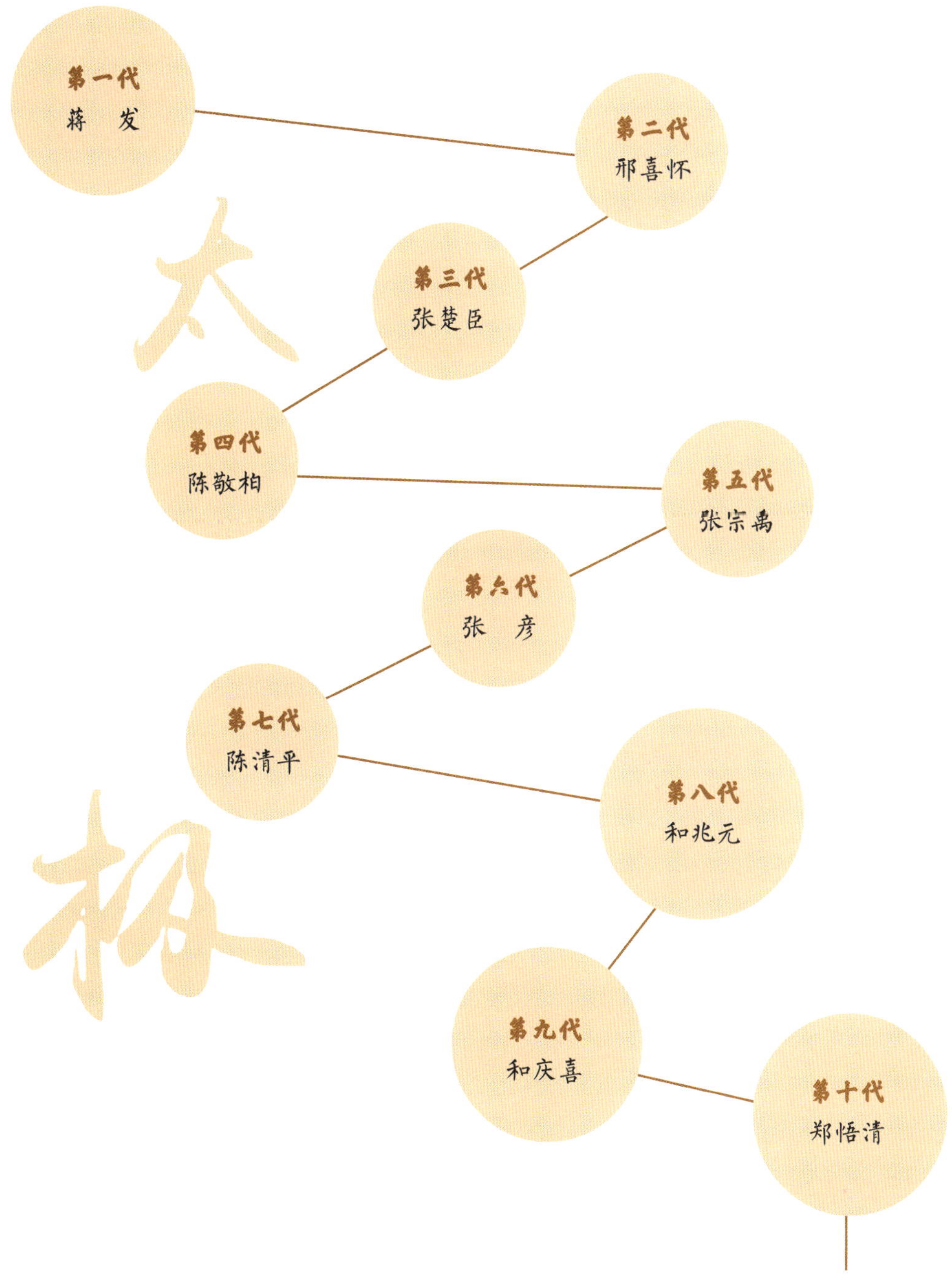

第十一代

郑　钧

第十二代

岳崇和　郑新会　郑转会　郑传会
郑慧华　刘天武　王根念　闫运正
王　营　李海军　郝勤岭　李海平
安呈林　赵庆国　张琳茹　程金国
王桂成　等

第十三代

孙永城　孙军利　岳鹏冲　史海斌
秦　涛　任俊鹏　安卫东　申卫忠
陈国庆　石　超　刘　渠　等

第十四代

邬腾项　林洁璐　施　平　巫柯蕾
崔永毅　陈秋珍　倪作恒　郑　杰
朱　惠　张潘琪　王斌奇　沈亦周
张　军　鱼李新　彭成林　杜睿辉
王尉涛　谢　苗　付聪聪　王一婷
朱小璐　张晓伟　翁博嘉　等

注：

1. 历代传人众多，仅列入部分主要传承人；
2. 同代传承人未按照拜师先后顺序排序；
3. 十三代中仅列入岳崇和先生门下部分弟子；
4. 十四代中仅列入孙永城先生门下部分弟子。

什么是太极

太极者，无极而生，动静之机，阴阳之母也。

这是王宗岳先生《太极拳论》里的第一句话，朋友们大多都看过。但不知道是否真正地考虑过这个问题，看到这句话的时候，是否都一带而过。以前听某大师讲太极拳的时候，上来就说："太极就是阴阳，阴阳就是太极。"听到这里，只能摇头苦笑。

这个问题这么些年里，我跟两位探讨过。一位是我的师爷郑钧先生，另一位是朱老师。

2010 年初，我到师爷家拜访，师爷跟我聊了一上午的拳理，其中印象最深刻的当属这一段。当时在聊到太极的时候，师爷说这个是根，没有这个其他都不用谈了。师爷拿了水杯放在面前，然后用食指在杯口，一圈圈地画着圆，一边画一边说："这就是太极，小而无内，大而无外，这就是太极。"我当初不知道师爷在干什么，有也不太理解，但看师爷的神情，心想，这个一定是非常重要，先记下来再说。随后思考了很久，有一点点感悟，但不清晰。

后来遇到朱老师，朱老师是一位我非常敬重的老师，在拳理方面对我的启发非常的大，此次写这本书，也非常有幸请朱老师写了篇对太极的认识，在这里分享给大家。

鱼李新

太極者，無極而生，動靜之機，陰陽之母也。

這是王宗岳先生所傳的《太極拳論》開頭四句話，也是所有太極拳家所宗。第三句，動靜之機，有些版本有、有些版本沒有，我認爲應該有。

太極，自有動靜、自有陰陽。若將太極視爲一周而復始、順時方向運行的圓，我們問哪兒是起點？是左半圓？是正下方？老子說：左半圓源於正下方、正下方源於右半圓到底（無極）。

左半圓向上（陽、有）、右半圓向下（陰、無）的源頭是整個周而復始、順時方向運行的圓（太極）。正下方那點包含有無（此時稱玄）、分出動靜、看出陰陽，可看成是這個圓（太極）的始點。

問題的根本在於，我們想以部分拼湊出系統。但，真理的面貌卻是，一開始就是系統！我們要以系統的觀點去理解系統。以部分的觀點去拼湊出的東西，不是系統的本來面貌。

道德經：

反者道之動，弱者道之用。天下萬物生於有，有生於無。

無，名天地之始；有，名萬物之母。

此兩者同，出而異名，同謂之玄。玄之又玄，衆妙之門。

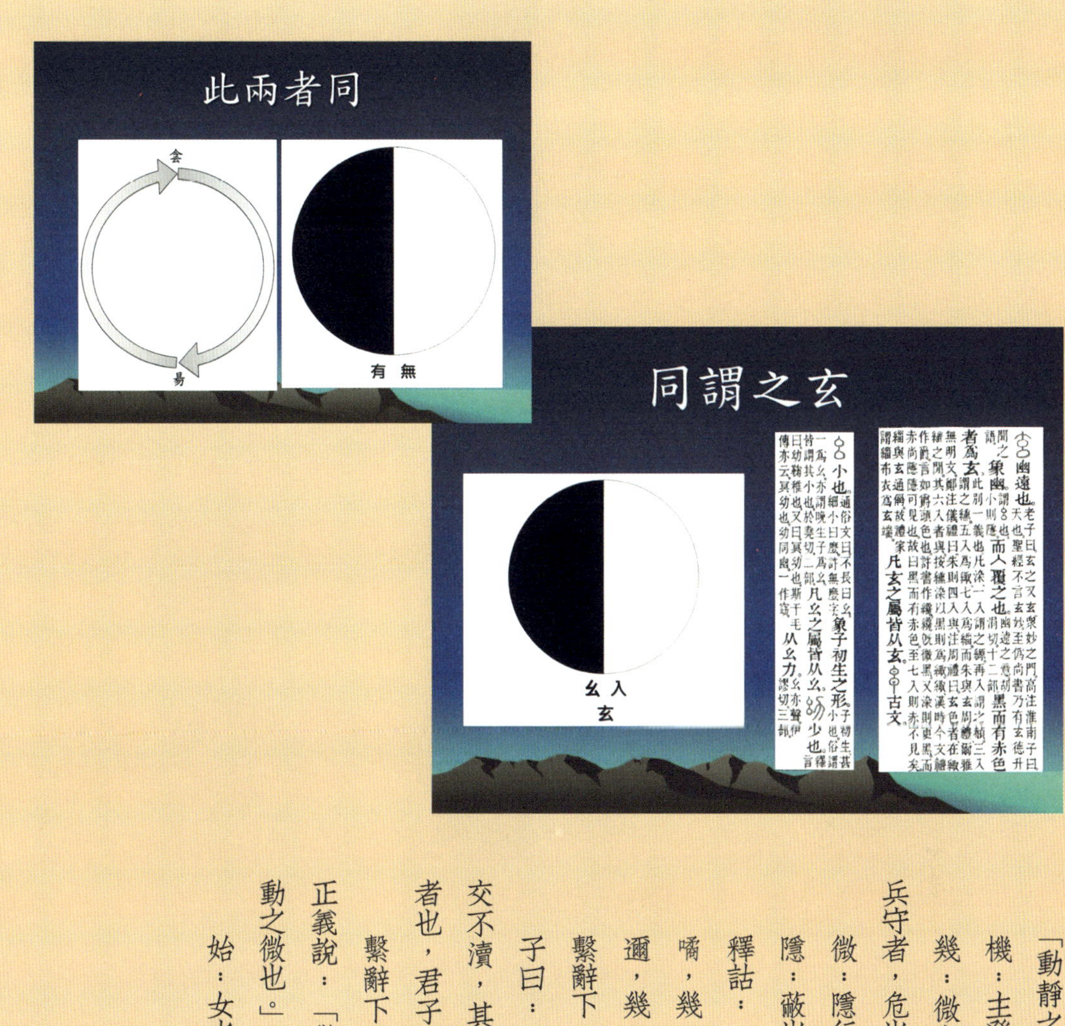

「動靜之機」應爲「動靜之幾」。

機：主發謂之機。

幾：微也。殆也。从戍。戍，兵守也。而兵守者，危也。

微：隱行也。

隱：蔽也。

釋詁：

噊，幾，災，殆，危也。

邇，幾，暱，近也。

繫辭下：

子曰：「知幾其神乎？君子上交不諂，下交不瀆，其知幾乎，幾者動之微，吉之先見者也，君子見幾而作，不俟終日。」

繫辭下傳解釋：「幾者動之微。」孔穎達正義說：「幾是離無入有，在有無之際，故云動之微也。」

始：女之初也。

什么是太极拳

孙永城（右）和授业恩师岳崇和先生

前面跟大家聊了什么是太极，那么什么是太极拳呢?

太极拳这三个字要分开来看：“太极”和“拳”。前面聊过太极，太极为道，拳为术，太极拳是合太极之道的一门拳术，术法修行的根本是为以拳入道。

自古以来，历代宗师都讲，拳本得于道门，乃修行之法门，至高境界是可以以拳入道，羽化升仙。常人可通过拳法的修习，祛病防身、益寿延年。

多年来，我在与全国各地众多太极拳爱好者交流之中，发现他们习练过程中常出现膝关节受损、腰椎间盘突出等问题。而我个人是由于膝关节问题才开始学拳并从中受益，这是多么大的反差？但为什么会有那么多的人因为练拳导致膝关节受损，甚至于有些专业骨科医生会因为“太极拳伤膝盖”而建议大家膝关节有问题的人不要练太极拳？这是每一个太极拳传承人都应该慎重思考的问题：太极拳被誉为最完美的运动，但膝关节等问题却困扰着众多的爱好者，甚至一些太极拳大师也出现了这样的状况，膝盖中箭的太极拳真的还是太极拳吗？

我翻阅大量的典籍，并跟众多太极拳师探讨，渐渐发现问题的根源是很多人对太极拳的认知出现了偏差，开始练习也只是听说太极拳可以养生，就盲目地找人开始学习，找老师是看架势样子漂亮、动作潇洒、显赫头衔等等这些，没有从对太极拳最根本的认知开始。首先，不知道什么是“太极拳”；其次，不知道太极拳怎么养生；再次，不知道太极拳为什么可以养生；最后，盲目地开始练习，结果是自己不但没有得到想要的养生效果，还练出了问题。

张三丰祖师的遗愿是“欲天下英雄豪杰延年益寿，不徒作技艺之末耳”，只有找到上述这些问题的答案，依传承循序渐进地习练，才有可能达到太极拳养生的目的。

在这里给大家分享我们是怎么看待这个问题的。说到这里，不得不提我的恩师岳崇和先生，恩师是我们当地有名的中医，16 岁开始行医，至今已经五十多年了。他对太极拳的认识跟他对中医的领悟有非常紧密的关系，在一次跟师父交谈的过程中，他问我：“永城，你知不知道咱们练拳到底是在练啥东西的？”我说：“不知道。”他说：“简单点说，你切过肉没有？如果切过，有没有留意，在皮和肉中间，或者肉和肉中间有层膜。练拳就在练这个。”

简单来说，太极拳是要以肢体的运动来疏通经络导引气血。华佗曾说过“人体欲得劳动，但不当使极尔。动摇则谷气得消，血脉流通，病不得生。譬如户枢，终不朽也。”《太极拳经》里有句经典的话叫“用意不用力”，“用意”姑且不论，各家纷争比较大，“不用力”呢？几乎能达成共识。那么为什么要“不用力”？其实很简单，就是“人体欲得劳动，但不当是极尔”。太极拳通过肢体运动来疏导气血的同时会增加对气血的损耗，如果前者称之为“养”，后者称之为“耗”的话，那么这个“养”和“耗”之间的量的关系将决定此过程中，是否真有养生的功效。如果在“养”的量不变的前提下，要使得此过程有养生的功效，那么只能从“耗”上做文章，即“用不用力”。当然完全不用力是几乎不可能的，那么只能理解为尽量少用力，或者用最小的力来完成此动作过程。这就涉及太极拳具体该怎么练？下节将详细分解。

太极拳该怎么练

聊过了太极拳为什么可以养生，那么具体太极拳该怎么练呢？

2010年拜访师爷的时候，计划香港参加第八届国际武术节，我们在聊拳法，师爷说：“永城你说说拳是咋练的啊？”

我说：“不知道。”在他们面前永远不知道，才有东西学。师爷接着说：“这次去香港，有名家讲堂，我一句话就能力压群雄。”

听到这句话我立马兴奋了，赶紧问：“啥话？”

师爷说：“拳就是活动胳膊腿的。”

说实话，我当时是崩溃的，但师爷说这句话时的那无比自豪的神情我永远无法忘记。这么简单的一句话，道出了太极拳究竟该怎么练？就是活动胳膊腿的。

一、立身中正，以四肢运动，由外向内，节节贯穿。

人体三节关系首先要清楚。上肢：手为稍节，肘为中节，肩为根节。身：头为稍节，身为中节，腿为根节。下肢：脚为稍节，膝为中节，胯为根节。所有的运动开始，由稍节起，节节贯穿至根节。

整个人就好比是一个提线木偶，头顶一根线，两手指尖两根线，两脚趾尖两根线，所有的运动，由这五根线牵动来控制。

二、变速的圆运动

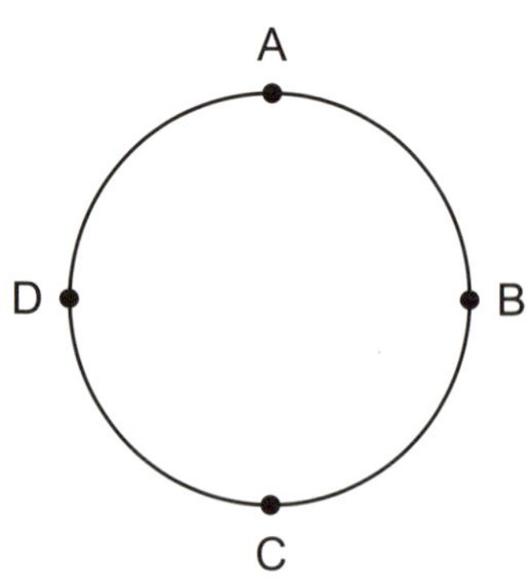

太极拳招招式式都是圆的运动，都在划圈，但划圈的过程不是匀速的运动，而是要充分利用自己的重力。例如练云手时右手在身前划圈，我们可以简单地把这个圆上下左右标出四个点ABCD，把圆分成四个部分，手在从最上面的A点向右划的过程中，用力逐步减小，到最右边的B点开始，右手几乎不要再用力，它会在重力作用继续下划，有势能和动能的互相转化，右手几乎可

以到差不多最左边的 D 点，此刻手指尖向上引起，右手划向 A 点，开始重复前面的过程。那么在划这一圈的过程中，我们右手有起码三分之一的圆弧是几乎不用发力的，而是在重力的作用下运动，如果比起来匀速的圆运动，我们在此过程中的气血损耗，至少可以减少三分之一。

三、规范拳架姿势动作，提高养生功效

拳架姿势动作是经过先辈几百年的总结沉淀下来的，其中包含了道家和中医养生的根本，不仅仅是一套简单健身操，每个动作都有对人体经络梳理的要求和准则。要认真习练，才能得到意想不到的收获。比如说第一式：左手过耳，以左手劳宫穴与听宫穴相合；右手过头顶，以右手劳宫穴与头顶百会穴相合；两手在面前下落，两手劳宫穴与任脉相合，等等。

四、避免运动损伤

任何的运动，运动损伤都是难免的，练太极拳也是一样，这是我们必须要正视的问题。练太极拳影响最大的应该是膝关节了，其实对膝关节的保护，赵堡太极拳历代先师都非常注重，从拳理可窥一斑，比如三直四顺，三直：头直、身直、小腿直。四顺：腿顺，脚顺，手顺，身顺。立身中正，不前俯后仰，所有下肢运动时候，脚跟着地，脚尖指好方向，落地，膝关节向脚尖方向弯曲，至小腿与地面垂直。这些基本的习练规则若能把握，膝关节可以得到有效的保护，我本人是由于膝关节问题才开始练拳，能练好也得益于此。

简单的分析到此，在“教学篇”里会正式开始习练。

张潘琪

教学篇

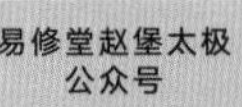

易修堂赵堡太极
公众号

孙永城微信

本章所述的赵堡太极七十五式，全都可在易修堂赵堡太极推广中心公众号中找到对应的招式视频。

赵堡太极拳拳架基础简述

一、手

太极拳在习练的过程中有三种手型：掌、拳、勾手。练习时一定要注意每种手型的要领和名称，在习练过程中会有相应的专业术语。手型基本描述如下：

1. 掌

初学，五指伸直并拢，五指处于同一平面（图 –01），手指不用过分用力，只需要把手指伸直即可。掌最后是要求似直非直，似拢非拢（图 –02）。但在练拳之初一定要五指伸直并拢，有助于指尖聚气。掌的各部位名称分别为：掌心（图 –03）、掌背（图 –04），掌刀（图 –05）。

掌在练拳过程中有以下掌形。

立掌——手掌侧面与地面垂直，指尖朝上或朝下（图 –06、图 –07）；

阳掌——掌心朝下，掌背朝上（图 –08）；

阴掌——掌心朝上，掌背朝下（图 –09）。

01

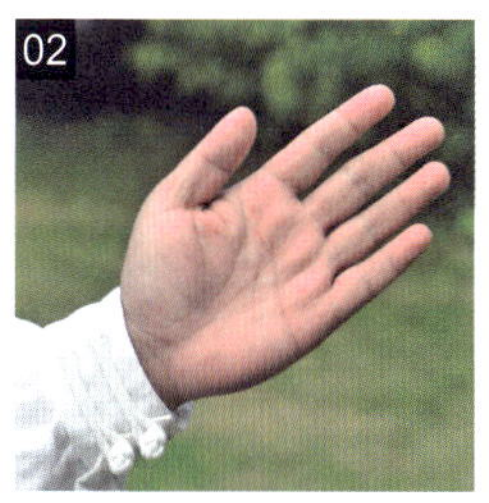
02

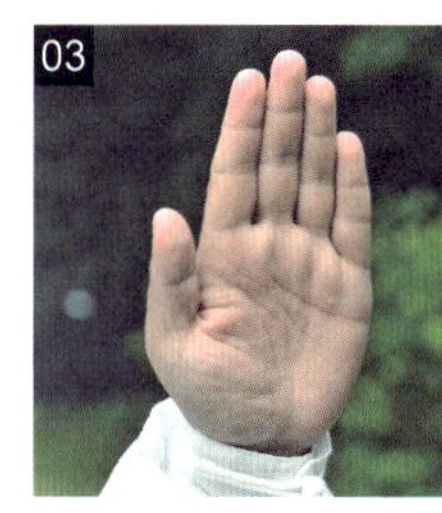
03

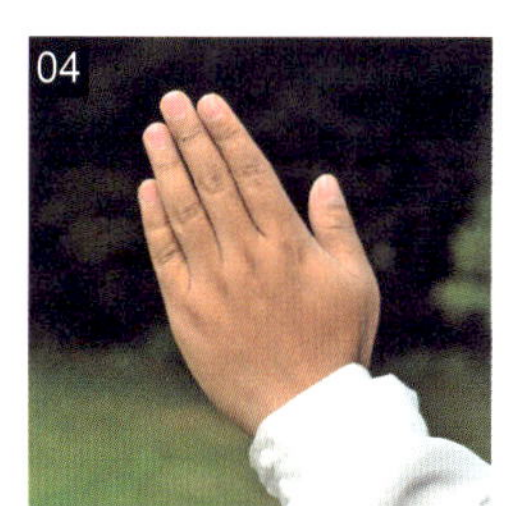
04

05

06

07

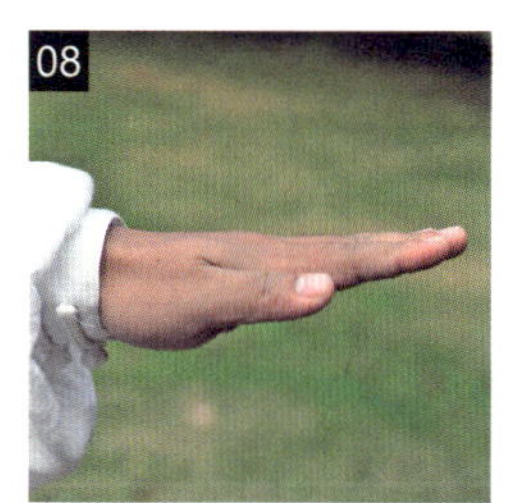
08

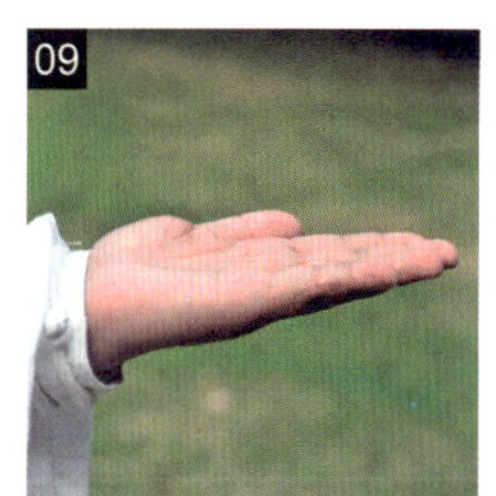
09

10

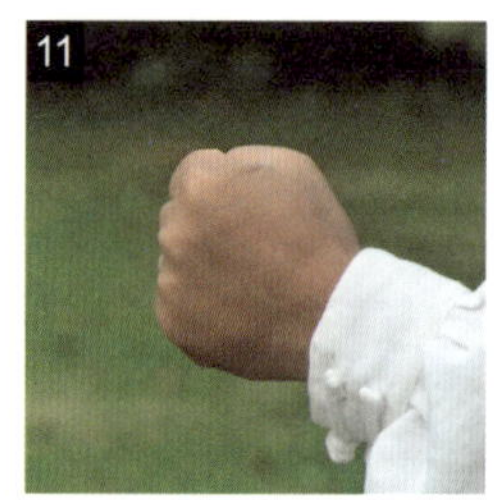
11

12

13

2. 拳

四指并拢弯曲握拳，拇指弯曲扣在食指第二关节。拳的各部位名称分别为：拳面（图 -10）、拳背（图 -11）、拳心（图 -12）、拳眼（图 -13）。

3. 勾手

勾手，拇指指腹与中指指腹相合，其余三指围绕拇指（图 -14），各部位名称分别为：勾尖（图 -15），勾眼（图 -16），勾背（图 -17）。

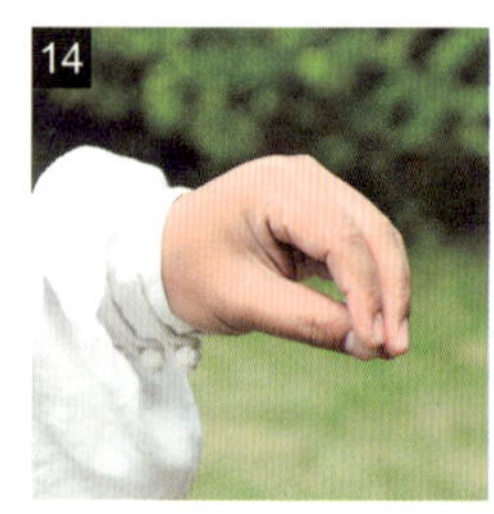
14

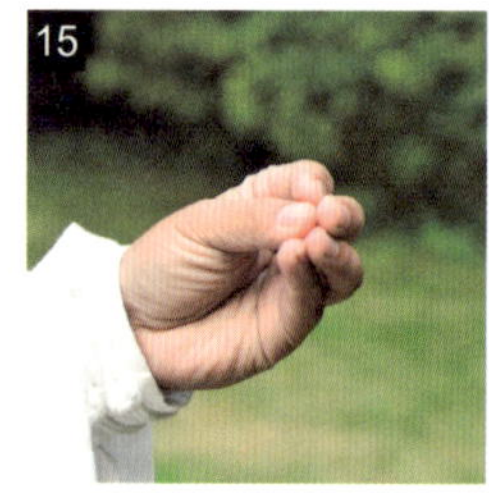
15

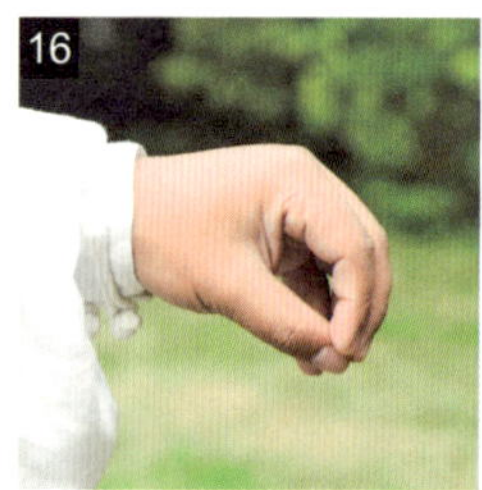
16

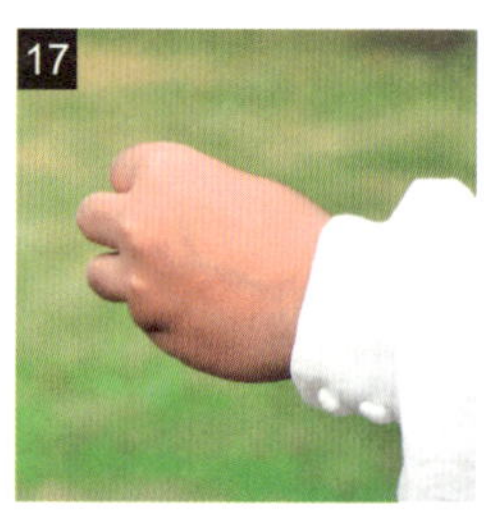
17

注意：在习拳过程中，用到勾手时注意勾手手腕保持顺直，否则容易妨碍气血运行。

二、眼

眼法在习拳过程中至关重要：神不能外散，双眼保持张开，目平视前方，不能盯着前方某处，只是保持张开状态；神不能外散，不是要看清楚前面有什么东西，而是要随身法移动。

三、身

身法要求立身中正，镇头领气。

1. 肩、胯，整个习练过程中，上盘保持中正，保持两肩与两胯上下相照，在同一平面，所对应的方向为身形的正方向，不能胡乱扭肩转胯。

2. 头，镇头领气。要求双目平视前方，舌尖抵到上排牙齿的牙龈，牙齿轻叩，嘴唇微微闭在一起，下巴往后收，使项部（脖子后面）微往衣领上靠。注意："虚、领、顶、劲"，很多朋友把这四个字的重点放在了"顶"上，练拳过程中在用意念让头往上顶，出了很多问题，其实这四个字应该理解为"顶劲、虚领起"，重点在虚领，镇头领气，更能精确表达这种状态，避免歧义。

四、步

在习练过程中最常用的有五种步形。

1. 左弓步（图 –18）：身形中正（身形朝向方向为正前方），左脚脚尖朝左前方约 45° 方向（这里指的方向是以身体朝向为基准，即与身形朝向成 45° 左右），左膝向左脚尖方向弯曲，到小腿与地面垂直，右脚脚尖基本朝前（身体朝向），腿基本伸直，膝盖有微曲，但不能看到明显的弯曲角度，重心在两腿中间。

2. 右弓步（图 –19）：与左弓步要求相似，唯方向相反。

3. 马步（图 –20）：马步左右腿都是弓腿，弓腿要求与弓步相同，重心在两腿中间。

18

19

20

4. 丁字步（图 –21）：两脚呈 90°，两脚相距四指，前脚跟对着后脚的中间，重心在两脚中间，若是虚丁字步，则前脚跟微离地，重心在两腿中间。

5. 倒丁字步（图 –22）：两脚呈 90°，相距四指，后脚脚尖对着前脚中间，两膝盖微曲，后腿膝盖顶着前腿的腘窝，重心在两腿中间。

21

22

五、无极桩

面向正南，自然站立（图 –23）从下到上依次调整身形，要领如下：

脚：两脚分前后方向平行站立，以十趾踏地，脚趾不能用力抓地，两脚距离与肩同宽。

注意：两脚的距离是与肩同宽，不是与肩膀同宽。在这里肩和膀有区别——肩指的是脖子与胳膊中间的部位；而膀是指肩和肘之间的手臂，意为胳膊上部靠肩的部分。两脚距离不宜太大，与肩同宽即可。

腿：两腿基本直立，似曲非曲、似直非直，即膝盖不要如站军姿状，向后绷直，而是微微向前弯曲，注意不能看到明显弯曲。两腿根放松。

躯干：身要正直，小腹向后收，尾闾向下向前，使腰椎弯曲部位向后调整，收腹填腰；两膀微微向前叩，含胸掰背，能含胸自然能掰背，注意不能耸肩。

手臂：两臂自然放松下垂，肘部微有弧度，似曲非曲、似直非直。两手分别在两腿外侧，两手五指伸直并拢，五指处于同一平面，无名指贴于裤缝（图 –24）。

头：头要正，镇头领气，要求双目平视前方，舌尖抵到上排牙齿的牙龈，牙齿轻叩，嘴唇微微闭在一起，不可用力，下巴往后收，项部（脖子后面）微往衣领上靠（图 -25）。头部动作调整好，配合躯干姿势，可使头顶百会穴与会阴穴上下成一线（图 -26）。

注意：整体要自然放松，套路中身法的要求相同。初学过程中会出现部分部位紧张，感到酸胀，注意按照要领调整身形，体悟肌肉放松，内在骨节支撑。

23

24

25

26

赵堡太极拳七十五式
初级图解

图解说明：

1. 太极拳学习过程要按部就班，层层深入进行学习。此为初级教程，对拳式动作进行逐一详细分解，相对复杂的动作会先把上盘（手领动作）和下盘（脚领动作）的动作分开讲解，再上下连贯讲解，在连贯讲解过程中主要注重上盘和下盘相合节点完成的把握，具体动作描述则可参考分解动作部分，学者可以按照教程中讲述内容逐步学习，反复习练，以其纯熟，上下能协调一致。七十五式套路中有部分重复动作，名称相同，具体练法会有些许差别，注意留心体悟。

2. 在套路动作描述过程中有关动作运动方向内外的区分，向身体中线方向的为内，远离身体中线方向的为外，大家注意区分清楚。

3. 套路动作描述中有关前后左右，一般是以当时动作的正面面向为基准，而不是以天地方位为基准的描述。碰到有关天地方位的描述会重点突出。

4. 细节描述所配的照片中，拍摄多在起始位置的正面，部分加以侧面或背面照以辅助说明该动作节点的清晰位置。

5. 整体动作中所有的照片，均在演示者正南方向对其进行拍摄，大家可以注意观察整体动作中拳式的方位。个别特殊拍摄位置会在描述中加以说明。

第一式·预备式（又名：无极式）

由无极桩开始，面朝南，背朝北，方向确立后之后拳式演练以天地方位为准（图 01–01）。

下盘

1. 右脚以脚跟为轴，脚尖外摆90°（图01–02）；右膝盖向脚尖方向弯曲，至小腿与地面垂直（图01–03）；
2. 左脚向左前方迈一步（左脚的东南方，方位一定要清楚把握），脚跟先落地，随后脚尖落地，方向朝前（正南）（图01–04）；
3. 左腿向脚尖方向弓起，至小腿与地面垂直，两腿呈马步（图01–05）；
4. 右脚向左脚方向上步，落地成两脚平行与肩同宽，与无极桩站姿相同（图01–06）。

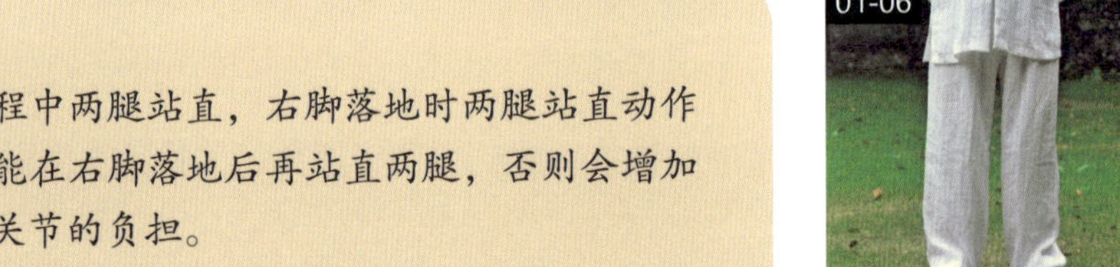

要领：
在右脚上步过程中两腿站直，右脚落地时两腿站直动作已经完成，不能在右脚落地后再站直两腿，否则会增加运动过程中膝关节的负担。

上盘

1. 两手原地外翻，至掌心朝前（图01–07），手外翻时仅用手指尖引动，小臂旋转即可；
2. 左手手指引领，从身体侧面向上划弧，手过肘后（图01–08），带大臂上抬，至手心与左耳高度齐（图01–09）；左手带肘往内收（向身体中线方向为内，远离身体中线为外），至左手心与左耳相照，左手为侧立掌，左手腕顺直，小臂竖直（图01–10）；

3. 右手手指引领，从身体右侧向上画弧，手过肘后，带大臂上抬，至手心与百会穴相照（图01–11）；
4. 两手循中线向下，与面前相合，左手在下，右手在上（图01–12）；两手沿身体中线向下，至丹田前两手分开（图01–13），回到身体两侧，呈无极桩姿势。

01-08

01-09

01-10

01-11

01-12

01-13

要领：
手在划弧过程中高度不过肘，大臂不要上抬；两手在沿中线下划时两肘注意不要上抬。肩膀不能用力。

整体动作

上下齐动，整个动作分四步完成，细节动作要领参见分解动作。

1. 两手外翻，至掌心朝前，同时右脚尖外摆90°，膝盖随之弓起至小腿与地面垂直，上盘和下盘均至动作1节点完成（图01–14）；
2. 左手向上划弧，同时左脚向左前方上步，上盘至动作2节点完成，下盘至动作2、3节点完成（图01–15），左手与左脚同时到位；
3. 右手向上划弧，同时右脚向左脚方向上步，上盘至动作3节点完成，下盘至动作4节点完成（图01–16），右手与右脚同时到位；

01-14

4. 两手在面前相合，并沿身体中线下划，至丹田前两手分开，回到身体两侧，上盘至动作4节点完成（图01–17）；
5. 起势动作结束后身形与无极桩要求要领相同，面朝正南方向。

01-15

要领：

两手画弧时两肩膀稍前扣，不能挺胸，肩不能上抬，身要中正，周身轻松自然，动作要连贯，一气呵成，注意手脚相合。

01-16

01-17

第二式 · 金刚三大对

金刚三大对式也叫赵堡太极拳的母拳式，太极十三势都包含在其中，对整个套路的练习至关重要，也是整个七十五式套路中难度比较大的一式。

下盘

接上式，起势面朝正南方。

1. 右脚以脚跟为轴，脚尖外摆90°（脚尖朝西，图02–01）；右膝盖向脚尖方向弯曲，至小腿与地面垂直（图02–02）；
2. 左脚向左前45°方向迈一步（左脚的东南方，方位一定要清楚把握），脚跟先落地，随后脚尖落地，方向朝前（正南）（图02–03）；
3. 左腿向脚尖方向弓起，至小腿与地面垂直，两腿呈马步（图02–04）；继而右膝向后顶起，右腿伸直，呈左弓步（图02–05）；
4. 右膝盖向右脚尖方向弯曲，至小腿与地面垂直，两腿呈马步（图02–06），左膝向后顶起，左腿伸直，呈右弓步（图02–07）；
5. 左腿向脚尖方向弓起，至小腿与地面垂直，两腿呈马步（图02–08）；
6. 右脚向左脚方向上步，落地成两脚平行与肩同宽，与无极桩站姿相同（图02–09）。

02-01

要领：同第一式下盘要领。

02-02

02-03

02-04

02-05

02-06

02-07

02-08

02-09

上盘

接上式

1. 两手指领气向上划弧，左手至左肩前，侧立掌，指尖朝斜前上方，掌心朝右；右手至胸中线前方，侧立掌，指尖朝斜前上方，掌心朝左；两手高与肩齐，相距七寸（1寸=3.33厘米）到一尺（1尺=33.3厘米）（图02-10），即人手背到肘的距离；
2. 两手向右后方翻掌划弧，左手至胸中线前，阴掌，掌心朝上，指尖朝前；右手至右肩前，阳掌，掌心朝下，指尖朝前；两手高与肩齐，相距七寸到一尺（图02-11）；
3. 左手翻掌，成侧立掌，同时右肘下沉至胸前，右掌成侧立掌；两肘在胸前，两掌掌心相对，在胸中线两侧，两手高与肩齐，相距七寸到一尺（图02-12）；
4. 两手向前翻掌按出，两掌心斜向下，手指尖朝斜前方，手腕保持顺直（图02-13）；
5. 右手翻掌至掌心朝上（图02-14）；右手指向前戳（戳的动作由图02-15到图02-16完成，注意两图左右手的相对位置）；弯曲四指（图02-17），用四指第二节向前点（图02-18）；
6. 右手向上绕左手背逆时针划圈（图02-19、19a），右手划至左手背时，右手握拳（图02-20、20a）；两手一起下落，至小腹前，左手为掌，掌心朝右上方，手腕顺直，右拳拳面朝左掌（右拳与左掌不能贴紧，留有一扁指距离），拳眼朝左上方，拳心朝自己小腹，拳背朝前（图02-21）。

02-10

02-11

02-12

02-13

02-14

02-15

02-16

02-17

02-18

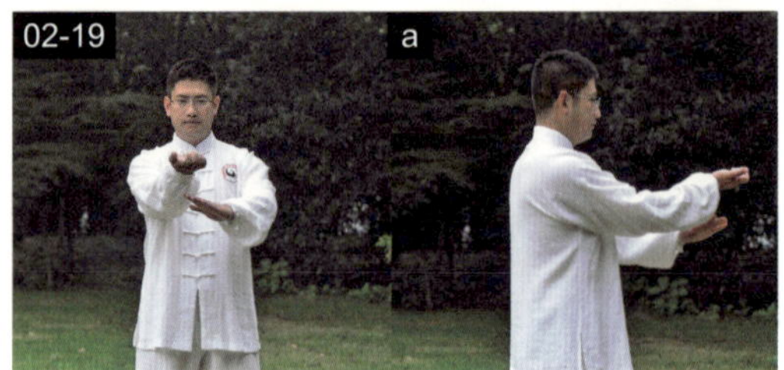
02-19 a

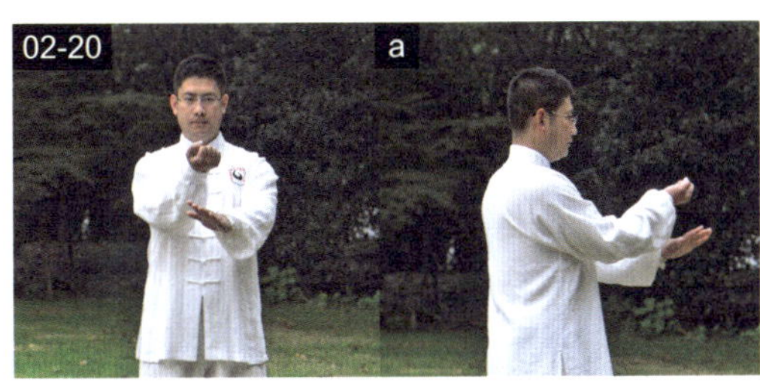
02-20　a

02-21

整体动作

接上式

1. 右脚以脚跟为轴，脚尖外摆90°（脚尖朝西）；右膝盖向脚尖方向弯曲，至小腿与地面垂直，下盘至动作1节点完成（图02–22）；
2. 掤，两手向上划弧，同时左脚向左前方上步，上盘至动作1节点完成，同时下盘至动作2、3节点完成，成掤势（图02–23）；
3. 捋，两手向身体右后方划弧，上盘至动作2节点完成，同时下盘至动作4节点完成，成捋势（图02–24）；
4. 挤，左手翻掌，右肘下沉，上盘动作至第3节点完成，同时下盘至动作5节点完成，成挤势（图02–25）；
5. 按，两手向身前翻掌按出，上盘动作至第4节点完成，同时下盘至动作6节点完成，成按势（图02–26）；
6. 戳、点，上盘动作至5节完成（图02–27）；
7. 搬拦捶，上盘动作至6节完成（图02–28）；
8. 定式面朝正南方向。

02-22

02-23

02-24

02-25

02-26

02-27

要领：手腕始终要保持顺直；

1. 两手在动作过程中距离保持在七寸到一尺左右，即人手背到肘的距离；
2. 挤势注意两大臂与小臂的夹角不能小于90°，两肘在胸前，不能收至胸部两侧；
3. 按势只需翻掌，手掌不要向前推或向下按压；
4. 戳点时每个动作不必往前距离太大；
5. 搬拦捶过程右手握拳之前，左手不动，不能后收或翻掌；
6. 连贯动作上下协调一致，动作一气呵成，反复习练，注意各个动作节点完成相合的时机和位置。

02-28

第三式·懒插衣

注意：从第三式起，初级课程与中级以上课程区别会比较大，主要体现在手脚的配合程度上不同。初级课程主要突出手上动作，先从手上动作做起，脚上动作不宜过多。初级架熟练之后的提高课程，即中级以上课程会加重手脚配合。学者不可贪多，否则适得其反。从此式起开始有所分别，以下会标注清楚。

下盘

接上式，起势面朝正南方。

1. 右脚向右横跨一步，脚跟先落地，随后脚尖落地，脚尖朝右前方45° 方向（图03–01）；右膝盖向右脚尖方向弯曲，至小腿与地面垂直，下盘呈右弓步（图03–02）。

03-01

03-02

上盘

接上式

1. 右拳由拳变掌，沿身体中线向上，至拇指与鼻尖齐高，立掌，指尖朝上，掌心朝左；同时左手立掌向下至于小腹前，立掌，指尖朝下，掌心朝右（图03–03）；
2. 两手同时顺时针方向划圆（图03–04）；
3. 两手划圆至胸前，左手肘在上，阳掌，掌心朝下；右手肘在下，阴掌，掌心朝上（图03–05）；
4. 右手从左手臂弯里划出，落于身体右前方，阳掌，掌心朝前下方，指尖朝右前上方，注意松肩坠肘；同时左手落于左胯前，左手拇指按在腹股沟中间，其余四指与拇指并拢，掌背朝前，注意手腕保持顺直（图03–06）。

03-03

03-04

03-05

03-06

整体动作

接上式

1. 右拳由拳变掌，沿身体中线向上，至拇指与鼻尖齐；同时左手立掌向下至于小腹前，上盘至动作1节点完成（图03-07）；
2. 两手同时顺时针方向划圆至胸前，左手肘在上，阳掌，掌心朝下；右手肘在下，阴掌，掌心朝上，上盘至动作2、3节点完成（图03-08）；
3. 右手从左手臂弯里划出，带右脚往右横跨一步，右脚落地成右弓步；右手落于身体右前方，阳掌，掌心朝前下方，指尖朝右前上方，注意松肩坠肘；同时左手落于左胯前，左手拇指按在腹股沟中间，其余四指与拇指并拢，掌背朝前，注意手腕保持顺直（图03-09），上盘至动作4节点完成，下盘至动作1节点完成。
4. 定式面朝正南。

03-07

03-08

03-09

第四式·右白鹅亮翅

注意：传统传承中此式名称一直为白鹅亮翅，现多误传为白鹤亮翅，特此说明。

下盘

接上式，起势面朝正南方。

1. 右脚尖内扣（图04–01）；
2. 左脚向右脚方向收一步，同时右膝盖向后顶起，右腿站直（图04–02）；

要领：左脚向右收步过程中右腿站直，左脚落地的同时右脚站直的过程完成。

上盘

接上式

1. 右手逆时针划弧，带肘收至胸中线前，右手拇指至鼻尖前，右手为侧立掌，手指尖朝前上方，掌心朝左，手腕顺直，肘尖朝下（图04–03）；
2. 右手带肘逆时针沿胸中线向下划弧，右手过小腹后向右划，至右腿右前侧，右手为侧立掌，指尖右斜下方，掌心朝左斜下方，同时左手逆时针划弧至小腹前，手为侧立掌，指尖斜朝下，掌心朝右（图04–04）；
3. 两手继续逆时针向上划弧，左手基本沿胸中线上划至拇指与鼻尖齐的高度，侧立掌，指尖朝上，掌心朝右；右手心划至右耳高度（图04–05）继续向上至掌心到百会穴上方，阳掌，掌心朝下，手指尖朝左上方，手腕保持顺直（图04–06）；
4. 两手向下落，左手落于胸中线前，右手落于右肩前，两手均为阳掌，掌心朝前下方，手指尖朝前上方（指尖微偏右），手腕保持顺直，两肘尖朝下，注意松肩坠肘（图04–07）；

整体动作

接上式

1. 右手逆时针方向划弧，至上盘动作1、2节点完成（图04–08、图04–09）；
2. 两手向上划弧，至上盘动作3节点完成，与右手至右耳高度后向上划弧过程同步收右脚尖，至下盘动作1节点完成（图04–10）；
3. 两手下落，同时左脚往右脚方向收一步，上下同步至上盘动作4节点和下盘动作2节点完成（图04–11）；
4. 定式面朝正南。

04-08

04-09

04-10

04-11

要领：

1. 整体动作中右手划弧过程没有停顿，注意左手开始运动的时机，即左右手相合的时机点；
2. 初级学习过程中下盘动作相对较少，但要高度注意上下动作相合的契机点，如收右脚尖的时候是在右手过耳向上至头顶百会穴的过程中，不能早，不能晚，此动作做好可抑制左脚上步的错误动作发生；
3. 双手下落过程中左脚收步，注意此时上下动作的协调一致，多数人练拳时左脚会随左手向上划弧的时候收步，这点要注意；
4. 整个动作过程中要注意手与身体平面的前后距离把握。

第五式·单鞭

注意：两手在划弧过程中没有明显停顿，在本教程中，为方便大家学习，勉强将其中的重要节点完成分开讲解，在熟练之后要注意一气呵成。

下盘

接上式，起势面朝正南方。

05-01

05-02

1. 左脚向左横跨一步，脚跟先落地，随后脚尖落地，脚尖朝左前方45°方向（图05-01）；左膝盖向左脚尖方向弯曲，至小腿与地面垂直，成弓腿；右腿膝盖向后顶，成直腿；下盘呈左弓步（图05-02）。

上盘

接上式

05-03

1. 两手带肘逆时针方向划弧，左手至左肩前，右手至面前，右肘至胸前，两手相距七寸到一尺，右手为侧立掌，指尖朝前上方，掌心朝左（图05-03）；
2. 两手继续向下划弧，左手在身左前侧，右手基本沿胸前中线，右手经小腹后向右划弧至右腿右前侧，左手随之至小腹前，左手侧立掌，指尖朝斜前下方，掌心朝右（图05-04）；

05-04

3. 两手继续向上划弧，左手侧立掌基本沿胸中线向上，右手在身体右前侧向上，左手过面部后向左，右手随之向左，至两手在胸中线两侧，两手基本成侧立掌，指尖朝斜前上方，左手掌心朝右，右手掌心朝左（图05-05）；
4. 左手向左翻掌划弧；同时右手变成勾手（图05-06）沿中线向下划弧（图05-07），过小腹后向右向上划弧；左手至身体左前方，右手勾手至身体右前方，两手高与肩齐；左手指尖朝左，掌心朝左前下方；右手勾尖朝下，勾背朝上，注意两手腕保持顺直，松肩坠肘，两臂与胸呈半圆形，左右手臂以胸中线左右对称（图05-08）。

05-05

整体动作

接上式

1. 两手逆时针翻掌划弧，至上盘动作1节点完成（图05–09）；
2. 两手向下划弧，右手循中线，左手在身体左前侧，至上盘动作2节点完成（图05–10）；
3. 两手向上划弧，左手循中线，右手在身体右前侧，至上盘动作3节点完成（图05–11）；
4. 左手向左划弧带左脚向左横跨一步，同时右手循中线向下划弧，至上盘动作4节点和下盘动作1节点完成（图05–12）；
5. 定式面朝正南。

要领： 整体动作时候两手各自划圆，中间没有间断，动作一气呵成。

第六式·斜金刚三大对

注意： 斜金刚三大对与第二式金刚三大对虽名字相同，但式子动作有些许差别，要注意分别。

下盘

接上式，起势面朝正南方。

1. 右脚以脚跟为轴，脚尖外摆45°（右脚尖朝西南，图06–01）；右膝盖向脚尖方向弯曲，至小腿与地面垂直；两腿成马步（图06–02）；
2. 左脚以脚跟为轴，脚尖内扣45°（左脚尖朝正南，方位一定要清楚把握），膝盖向后顶起，左腿成直腿；两腿成右弓步（图06–03）；
3. 左脚以脚跟为轴，脚尖外摆45°（左脚尖朝东南方），左腿膝盖向脚尖方向弓起，至小腿与地面垂直，两腿呈马步（图06–04）；
4. 右脚向左脚方向上步，落地成两脚平行与肩同宽，与无极桩站姿相同，面向东南（图06–05）。

06-01

06-02

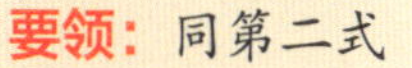
要领： 同第二式

06-03

06-04

06-05

上盘

接上式

1. 右手勾手变掌，顺时针方向划弧，循胸中线向上划至手高与肩齐。左掌微逆时针旋转翻掌，成侧立掌，指尖朝斜前上方，掌心朝右（西南方向）；右手至胸中线前方，侧立掌，指尖朝斜前上方，掌心朝左（东北方向）；两手高与肩齐，相距七寸到一尺（图06–06）；
2. 2–6节点动作同第二式上盘动作2–6节点（参见P32页）；

06-06

整体动作

接上式

1. 掤，右手变勾手顺时针方向划弧，上盘动作至第1节点完成，成掤势（图06–07）；
2. 捋，两手向身体右后方划弧，上盘动作至第2节点完成，同时下盘动作至第1、2节点完成，成捋势（图06–08）；
3. 挤，左手翻掌，右肘下沉，上盘动作至第3节点完成，同时下盘动作至第3节点完成，成挤势（图06–09）；
4. 按，两手向身前翻掌按出，上盘动作至第4节点完成，同时下盘动作至第4节点完成，成按势（图06–10）；
5. 戳、点，同上盘动作第5节（图06–11）；
6. 搬拦捶，同上盘动作第6节（图06–12）。
7. 定式面朝东南方向。

06-07

06-08

要领：同第二式

06-09

06-10

06-11

06-12

第七式·左白鹅亮翅

注意：左右白鹅亮翅定式身形基本相同，区别在于在过程中两手画圆方向不同，右白鹅亮翅基本是逆时针方向画圆，左白鹅亮翅基本是顺时针方向画圆。两式手脚相合的位置多注意留心体会。

下盘

接上式，起势面朝东南方。

1. 左脚往左横跨一步（图07–01），随后右脚向左脚方向收一步，但脚不落地（图07–02）；
2. 随后右脚向右横跨一步回到起始的位置（图07–03），左脚向右横收一步回到本式起始的位置（图07–04）。

07-01

07-02

07-03

07-04

上盘

接上式

1. 左右手同时向上顺时针方向划弧，左手从身体左前侧向上，右拳变掌循中线向上，左手上至头部左前侧，右手上至面前，拇指与鼻尖齐，两手基本成侧立掌，掌心相对（图07–05）；
2. 两手顺时针翻掌向右前方划弧，左手至面前，右手至右肩前下落（图07–06）；随后左手向下划至小腹前，右手向下划至右腿右前侧（图07–07）；
3. 两手向左划弧，左手至左腿左前方，右手至小腹前（图07–08）；继而两手向上，左手至头左前方，右手至面前（图07–09）；

07-05

07-06

4. 两手向右前方翻掌按出，左手落于胸中线前，右手落于右肩前，两手均为阳掌，掌心朝前下方，手指尖朝前上方（指尖微偏右），手腕保持顺直，手指高与肩齐，两肘尖朝下（图07–10），注意松肩坠肘。

07-07

07-08

07-09

07-10

整体动作

接上式

1. 两手顺时针方向划弧，至上盘动作1节点完成（图07–11）；
2. 两手翻掌向右划弧，至上盘动作2节点完成（图07–12）；
3. 两手向左划弧，左手至身体左前侧，右手至小腹前，同时左脚向左横跨一步，随后右脚向左脚方向收一步，完成下盘动作1节点（图07–13）；两手继续向上划弧，至上盘动作3节点完成；
4. 两手向右前方翻掌按出，至上盘动作4节点完成，同时右脚向右横跨一步，下盘动作2节点完成（图07–14）；
5. 定式面朝东南方。

07-11

07-12

07-13

要领：

1. 两脚跨步与两手分别相合，左手与左脚相合，右手与右脚相合；
2. 右脚向左收步后不要落地；
3. 画圆过程中始终有一手在中线前，注意手腕顺直。

07-14

第八式·斜行

注意： 斜行完整动作上下配合非常严谨。初学可先从上盘动作开始，下盘仅做简单配合，待上盘动作熟练后逐步配合下盘动作。如果初学直接加入下盘完整动作，则多数会出现上盘立身不中正，过程中左摇右晃等问题。学习者不可操之过急。

下盘

接上式，起势面朝东南方。

1. 右脚以脚跟为轴，脚尖外摆45°（图08–01）；
2. 右腿膝盖向右脚尖方向弯曲，至小腿与地面垂直；左脚向左横跨一步（以面向东南方为基准）；下盘成右弓步（图08–02）；
3. 左脚尖外摆，脚尖朝正东方，左膝盖向左脚方向弯曲，至小腿与地面垂直左腿成弓腿，下盘成马步（图08–03）；
4. 右脚以脚跟为轴，脚尖内扣45°，随后膝盖向后顶起，右腿成直腿，下盘成左弓步（图08–04）。

08-01

08-02

08-03

08-04

上盘

接上式

1. 右手带肘向身体中线收，至右手到中线前，侧立掌掌心向左，右肘到胸前，肘尖朝下，同时左手向右划弧，左手腕置于右手臂弯，两掌掌背相对，成十字手（图08–05）；
2. 向右侧身下势（图08–06）；
3. 两手于右膝上方分开（图08–07），分别向下划弧（图08–08），经身侧到身后（图08–09），两掌心朝自己，掌背朝后，指尖斜朝下（图08–10）；

08-05

4. 左手从身体左侧向上顺时针方向划弧（图08–11），手心过左耳侧向前（图08–12），然后循中线向下划弧，手过小腹向后划弧（图08–13），经身体左侧到身后（8–14），左手变勾手，勾尖朝向尾闾穴（图08–15）；
5. 右手从身体右侧向上逆时针方向划弧（图08–16），手心过头顶后向前（图08–17），循中线向下，落于胸前，手指尖高与肩齐，右手为斜侧立掌，指尖朝左前上方，掌心朝左后下方（图08–18）。

08-06

08-07

08-08

08-09

08-10

08-11

08-12

08-13

08-14

08-15

08-16

08-17

08-18

整体动作

接上式

1. 右手带肘向左收，左手顺时针方向向右划弧，至上盘动作1节点完成，成十字手，同时右脚尖外摆，至下盘动作1节点完成（图08–19）；
2. 右腿膝盖向右脚尖方向弯曲，至小腿与地面垂直，左脚向左横跨一步，至下盘动作2节点完成，与左脚跨步同时向右侧身

08-19

下势，两手十字手置于右膝上方，至上盘动作2节点完成（图08-20）；

08-20

3. 两手在右膝上方分开，分别向身体两侧划弧，至上盘动作3节点完成，左手向左划与左脚尖上下相合时，左脚尖外摆45°，后左腿膝盖朝左脚尖方向弯曲，至小腿与地面垂直，至下盘动作3节点完成（图08-21）；
4. 左手从身体左侧向上顺时针方向划弧，手心过左耳侧向前（图08-22），然后循中线向下划弧，至上盘动作4节点完成（图08-23），初级学者在此过程中下盘没有动作；
5. 右手从身体右侧向上逆时针方向划弧，手心过头顶后向前（图08-24），循中线向下落，与手下落同时收右脚尖，右膝盖向后顶，右腿伸直，上盘动作至5节点完成，下盘动作至4节点完成，注意手与脚同时到位（图08-25）；
6. 定式面向东南方。

要领：

1. 侧身下势及两手划弧过程中，注意立身中正，不能前俯后仰。
2. 整个运动过程中注意手脚相合的时机。

08-21

08-22

08-25

08-23

08-24

第九式·高探马

下盘

接上式，起势面朝东南方。

1. 右脚以脚跟为轴，脚尖外摆45°，右腿膝盖向脚尖方向弯曲，至小腿与地面垂直，下盘成马步（图09–01）；
2. 左脚以脚跟为轴，脚尖内扣45°，左腿膝盖向后顶起，左腿成直腿，下盘成右弓步（图09–02）；
3. 左脚以脚跟为轴，脚尖外摆45°，左腿膝盖向左脚尖方向弯曲，至小腿与地面垂直，下盘成马步（图09–03）；
4. 右脚向左脚方向收三分之一步（第3节点完成动作结束后两脚的距离三等分）（图09–04）；
5. 左脚往右脚方向收三分之一步，两脚垂直成丁字步，左脚跟对着右脚中间，两脚相距四指，左脚跟微离地，前脚掌着力，重心在两腿中间（图09–05）；
6. 左脚向左横跨一小步，脚跟先落地，随后脚尖落地，左脚踏实（图09–06）；
7. 右脚脚尖勾起，带脚跟向左膝盖方向抬起，脚跟至左膝前，右脚尖勾起斜朝右前方（图09–07）。

上盘

接上式

注意：本式内容初级与中级及以上稍有区别。上盘左右手动作的时机有些不同。学者根据自己层次的不同，注意区分。

1. 左手由勾手变掌，从身后经身左侧向前划出，至身体左前方，掌心斜朝右上方，两手相距七寸到一尺（图09–08）；
2. 两手在身前顺时针方向划弧，左手至面前，右手至身体右前方（图09–09）；
3. 两手向下划弧，左手划至小腹前，右手划至右腿右前侧（图09–10）；
4. 两手顺时针方向向左划弧，左手至左腿前，右手至小腹前（图09–11）；
5. 右手循中线、左手在身体左前侧向上划弧，左手至左肩前，右手至面前（图09–12）；
6. 左右手翻掌顺时针划弧，左手变勾手（图09–13），循中线下落（图09–14），过小腹后向左，至左腿侧，勾手勾尖朝向左腿，勾背朝前；右手从身体右前侧向下，后划至小腹前，掌心朝左上方（图09–15）；
7. 左手勾手带左臂逆时针旋转划弧向上，同时右手沿中线逆时针向上翻掌划弧（图09–16），过胸口后向左按出（图09–17），左手勾手勾眼朝上，勾尖朝右前方，手腕顺直；
8. 左手由勾手变掌，右手翻掌，两手抱球画圆，至两手到胸前，左手在上右手在下，左手指朝右前上方，掌心朝右微向下，右手指尖朝左前下方，掌心朝左上方（图09–18）。

09-08

09-09

09-10

09-11

09-12

09-13

09-14

09-15

09-16

09-17

09-18

整体动作

接上式

1. 左手由勾手变掌，向身体左前方顺时间方向划弧，至上盘动作1节点完成（图09–19）；
2. 两手在身前顺时针方向划弧，至上盘动作2节点完成，同时右脚尖外摆，至下盘动作1、2节点完成（图09–20）；
3. 两手继续向下划弧，至上盘动作3节点完成；随后两手顺时针向左划弧，同时左脚以脚跟为轴，脚尖外摆45°，至上盘动作4节点完成，至下盘动作3、4节点完成（图09–21）；
4. 右手循中线、左手在身体左前侧向上划弧，左手至左肩前，右手至面前，至上盘动作5节点完成（图09–22）；
5. 左右手翻掌顺时针划弧，左手变勾手，同时左脚往右脚方向收三分之一步，两脚呈丁字步，至下盘动作5节点完成；继而左手循中线下落，过小腹后向左，至左腿侧，至上盘动作6节点完成（图09–23）；
6. 左手勾手带左臂逆时针旋转划弧向上，右手与左手齐动，右手沿中线逆时针向上翻掌划弧，过胸口后向左按出，至上盘动作7节点完成；同时左脚向左跨一小步，至下盘动作6节点完成（图09–24）；
7. 左手由勾手变掌，右手翻掌，两手抱球画圆，至上盘动作8节点完成，同时右脚向左膝盖方向抬起，脚跟至左膝前，至下盘动作7节点完成（图09–25）。
8. 定式面朝东南方。

09-19

09-20

09-21

要领：高探马动作手臂画圆过程与脚下动作的相合时间要重点体悟。

09-22

09-23

09-24

09-25

第十式·鹞步

下盘

接上式，起势面朝东南方。

1. 接上式整体动作第8步，即右脚向左膝盖方向抬起，脚跟至左膝前。然后右脚向下，踏到左脚尖前，成倒丁字步，右脚与左脚成90°，两脚相距四指，左脚尖对着右脚外侧中间；两膝盖微曲，左腿膝盖向前靠在右腿腘窝里（图10–01）。

10-01

上盘

接上式

1. 右手带肘向身体中线收，至右手到中线前，侧立掌掌心向左，右肘到胸前，肘尖朝下，同时左手向右划弧，手腕落于右手臂弯，两掌掌背相对，成十字手（图10–02）；

10-02

整体动作

接上式

1. 右手带肘向身体中线收，至右手到中线前，左手向右划弧，手腕落于右手臂弯，两掌掌背相对，成十字手，至上盘动作1节点完成；同时右脚向下，踏到左脚尖前，成倒丁字步，两膝盖微曲，左腿膝盖向前靠在右腿腘窝里，至下盘动作1节点完成（图10–03）；
2. 定式面向东南方。

10-03

要领：

1. 右脚踩下后，注意把握两脚之间的距离，四平指距离，不能大不能小，距离太大不容易站稳，太小对下一式会有影响；
2. 左腿膝盖靠在右腿腘窝里，两腿微曲，身形保持中正。

第十一式·斜行

下盘

接上式，起势面朝东南方。

1. 左脚向左横跨一步（以面向东南方为基准），下盘成右弓步（图11-01）；
2. 同第八式下盘动作第3节（参见图08-03）；
3. 同第八式下盘动作第4节（参见图08-04）。

上盘

接上式

1. 向右侧身下势，两手十字手置于右膝上方（图11-02）；
2. 同第八式上盘动作第3节（参见图08-07至图08-10）；
3. 同第八式上盘动作第4节（参见图08-11至图08-15）；
4. 同第八式上盘动作第5节（参见图08-16至图08-18）。

整体动作

接上式

1. 左脚向左横跨一步，同时向右侧身下势，两手十字手置于右膝上方，上盘下盘均至动作1节点完成（图11-03）；
2. 同第八式整体动作第3节（参见图08-21）；
3. 同第八式整体动作第4节（参见图08-22至图08-23）；
4. 同第八式整体动作第5节（参见图08-24至图08-25）；
5. 定式面向东南方。

要领：同第八式“斜行”。

第十二式·高探马

下盘

接上式，起势面朝东南方。

1. 同第九式下盘动作第1节（参见图09–01）；
2. 同第九式下盘动作第2节（参见图09–02）；
3. 右脚向身体左后方撤一步，左脚左后方，右脚尖朝正西方向（图12–01）；
4. 左脚往右脚方向收半步，落成丁字步，两脚垂直，左脚跟对着右脚内侧中间，两脚相距四指，左脚跟微离地，前脚掌着力，重心在两腿中间（图12–02）；
5. 同第九式下盘动作第6节（参见图09–06）；
6. 同第九式下盘动作第7节（参见图09–07）。

12-01

12-02

上盘

第1–8节同第九式上盘动作第1–8节（参见图09–08至图09–18）。

整体动作

接上式

1. 同第九式整体动作第1节（参见图09–19）；
2. 同第九式整体动作第2节（参见图09–20）；
3. 两手向下划弧，至上盘动作3节点完成；随后两手顺时针向左划弧，至上盘动作4节点完成，同时右脚向身体左后方跨一步，至下盘动作3节点完成（图12–03）；
4. 同第九式整体动作第4节（参见图09–22）；
5. 左右手翻掌顺时针划弧，左手变勾手，同时左脚往右脚方向收半步，两脚呈丁字步，至下盘动作4节点完成；继而左手循中线下落，过小腹后向左，至左腿侧，至上盘动作6节点完成（图12–04）；
6. 同第九式整体动作第6节（参见图09–24）；
7. 同第九式整体动作第7节（参见图09–25）。
8. 定式面朝西南方。

12-03

12-04

第十三式·鹞步

动作及要领同第十式，起势面向朝西南方（图13-01）。

13-01

第十四式·上步金刚三大对

下盘

接上式，起势面朝西南方。

1. 左脚向左横跨一步，下盘成右弓步（图14–01）；
2. 左脚尖外摆，脚尖朝正南方，左膝盖朝左脚方向弯曲，至小腿与地面垂直左腿成弓腿，下盘成马步（图14–02）；
3. 右脚向左脚方向上一步，落地成两脚平行与肩同宽，与无极桩站姿相同（图14–03）。

14-01

14-02

14-03

上盘

接上式

1. 向右侧身下势，两手十字手置于右膝上方（图14–04）；
2. 两手与右膝上方分开，分别向下划弧（图14–05），经身侧到身后（图14–06），两掌心朝自己，掌背朝后，指尖斜朝下；
3. 左手从身体左侧向上顺时针方向划弧，手心至左耳高度后划至面前；同时右手从身体右侧向上逆时针方向划弧（图14–07），手心过头顶后向前（图14–08），循中线向下，握拳，与左手在面前相合（图14–09），后两手循中线向下，落于小腹前，两手型与第二式金刚三大对相同（图14–10）；

14-04

14-05

14-06

14-07

14-08

14-09

14-10

整体动作

接上式

1. 左脚向左横跨一步，至下盘动作1节点完成，与左脚跨步同时向右侧身下势，两手十字手置于右膝上方，至上盘动作1节点完成（图14–11）；
2. 两手在右膝上方分开，分别向身体两侧划弧，至上盘动作2节点完成，左手向左划与左脚尖上下相合时，左脚尖外摆45°，后左腿膝盖朝左脚尖方向弯曲，至小腿与地面垂直，下盘成马步，至下盘动作2节点完成（图14–12）；
3. 左手从身体左侧向上顺时针方向划弧，手心至左耳高度后划至面前；与左手齐动，右手从身体右侧向上逆时针方向划弧，右脚向左脚方向上一步，至下盘动作3节点完成（图14–13）；右手心过头顶后向前，循中线向下，握拳，与左手在面前相合，之后两手循中线向下划弧，落于小腹前，两手型与第二式金刚三大对相同，至上盘动作3节点完成（图14–14）；
4. 定式面向正南方。

14-11

14-12

14-13

14-14

第十五式 · 伏虎

下盘

接上式，起势面朝正南方。

1. 左脚以脚跟为轴，脚尖外摆45°，左腿膝盖向左脚尖方向弯曲，至小腿与地面垂直（图15–01）；
2. 右脚向右横跨一步，下盘成左弓步（图15–02）；
3. 右脚以脚跟为轴，脚尖外摆45°，右膝盖向脚尖方向弯曲，至小腿与地面垂直（图15–03）；
4. 左脚以脚跟为轴，脚尖向内扣45°，左膝盖向后顶起，左腿伸直，下盘成右弓步（图15–04）。

15-01

15-02

15-03

15-04

上盘

接上式

1. 右拳变掌（图15–05）；
2. 两手向下向前翻掌向上划弧（图15–06），上至面前（图15–07）；

15-05

15-06

15-07

3. 两手循中线向内翻掌划弧向下（图15–08），至小腹前（图15–09）；
4. 两手分开，分别向下向两侧划弧（图15–10），经身侧到身后（图15–11），两掌心朝自己身体，掌背朝后，指尖斜朝下；
5. 左手从身体左侧向上划弧（图15–12），手心过左耳侧向前（图15–13），然后循中线向下划弧（图15–14），手过小腹后向后划弧（图15–15），经身体左侧到身左后侧（图15–16），左手变拳，拳背贴着左后腰眼（图15–17）；

15-08

6. 右手从身体右侧向上划弧（图15–18），手心过头顶后向右前方（图15–19），握拳，落于头部右前方（图15–20），右拳拳眼朝自己右太阳穴，拳心斜朝前，小臂竖直。

15-09

15-10

15-11

15-12

15-13

15-14

15-15

15-16

15-17

15-18

15-19

15-20

整体动作

接上式

1. 右手右拳变掌向下，至上盘动作1节点完成，同时左脚以脚跟为轴，脚尖外摆45°，左腿膝盖向左脚尖方向弯曲，至下盘动作1节点完成（图15–21）；
2. 两手向下向前翻掌向上划弧，至上盘动作2节点完成（图15–22）；
3. 两手向内向下划弧，至上盘动作3节点完成，同时右脚向右横跨一步，至下盘动作2节点完成（图15–23）；
4. 两手分别向两侧后方划弧，右手划至右膝上方时，右脚尖外摆45°，膝盖向脚尖方向弯曲，至下盘动作3节点完成，两手继续向后划，至上盘动作4节点完成（图15–24）；
5. 左手从身体左侧向上顺时针方向划弧，手心过左耳侧向前（图15–25），然后循中线向下划弧，手过小腹后向后划弧，经身体左侧到身左后侧，左手变拳，拳背贴着左后腰眼（图15–26），至上盘动作5节点完成；
6. 右手从身体右侧向上逆时针方向划弧（图15–27），手心过头顶后向右前方，握拳，划弧落于头部右前方；右手过头顶后左脚尖内扣45°，至下盘动作4节点完成和上盘动作6节点完成，手脚同时到位（图15–28）；
7. 定式面朝正南。

15-21

15-22

15-23

15-24

15-25

15-26

15-27

15-28

第十六式·擒拿

下盘

接上式，起势面朝正南方。

1. 左脚以脚跟为轴脚尖外摆45°，左膝盖向脚尖方向弯曲，至小腿与地面垂直（图16-01）；
2. 右脚以脚跟为轴脚尖内扣45°，右膝盖向后顶，右腿伸直（图16-02）；
3. 右脚以脚跟为轴脚尖外摆45°，右膝盖向脚尖方向弯曲，至小腿与地面垂直，下盘成马步（图16-03）。

16-01

16-02

上盘

接上式

1. 右拳向下落于右胯前，拳背朝前，拳心贴胯，拳眼朝左上方（图16-04）；
2. 左拳变掌，从身后向左，转前臂使掌心朝前。继续向左前上方划弧，手过左耳高度，转向右（图16-05），过面前向下，落于右拳上，左掌根贴右手腕（图16-06）；
3. 左手右拳同时从下向里向上顺时针翻转，右拳翻至左手心（图16-07）；

16-03

16-04

16-07

16-05

16-06

整体动作

接上式

1. 右拳顺时针向下落于右胯前，至上盘动作1节点完成，同时左脚以脚跟为轴脚尖外摆45°，至下盘动作1节点完成（图16–08）；
2. 左拳变掌，顺时针从身后向左前上方划弧，手过左耳高度向右向下，落于右拳上，左掌根贴右手腕，至上盘动作2节点完成；与左手向右划同时，右脚以脚跟为轴脚尖内扣45°，右膝盖向后顶，右腿伸直，至下盘动作2节点完成（图16–09）；
3. 左手右拳从下向里向上顺时针翻转，至上盘动作3节点完成，同时右脚以脚跟为轴脚尖外摆45°，右膝盖向脚尖方向弯曲，至下盘动作3节点完成（图16–10）；
4. 定式面向正南方。

16-08

16-09

16-10

第十七式·串捶

下盘

接上式，起势面朝正南方。

1. 左脚往右脚方向收一步，成虚丁字步，左脚跟对着右脚中间，左脚尖踮地，左膝盖微曲，重心在两脚中间（图17–01）。

上盘

接上式

1. 右拳顺左手指尖方向旋转打出，至右腿右侧（图17–02），同时左手向内翻掌握拳，收至小腹前，左拳拳心朝自己，拳背朝前，右拳拳眼朝左，拳背朝前（图17–03）。

整体动作

接上式

1. 右拳顺左手指尖方向旋转打出，至右腿右侧，同时左手翻掌握拳，至上盘动作1节点完成，与右手打出同时左脚往右脚方向收一步，成虚丁字步，至下盘动作1节点完成（图17–04）；
2. 定式面向正南方。

第十八式·肘底藏捶

下盘

接上式，起势面朝正南方。

1. 左脚脚跟离地，膝盖弯曲，膝盖与脚尖上下相照，重心在两脚中间（图18–01）。

上盘

接上式

1. 左拳逆时针由肚脐向上划弧至面前向左（图18–02），至面部左侧，小臂竖直，拳眼朝向自己头部，拳心朝外（图18–03）；
2. 右拳逆时针向左前划弧经胸前（图18–04）至左肘下，拳眼与肘尖上下对照（图18–05）。

整体动作

接上式

1. 左拳逆时针由肚脐向上划弧至面前向左，至面部左侧，至上盘动作1节点完成；与左手向上划弧同时，右拳逆时针向左前划弧经胸前至左肘下，拳眼与肘尖上下对照，至上盘动作2节点完成；上盘随两臂动作左转45°，同时微曲双膝，使左拳、左肘、右拳、左膝、左脚垂直一条线（图18–06、图18–07）；
2. 定式面向东南方。

第十九式·倒撵肱

下盘

接上式，起势面朝东南方。

1. 左脚脚跟落地，脚踏实（图19-01）；
2. 右脚脚尖勾起，脚跟迅速向后上踢，尽量踢到臀部（图19-02）；
3. 右脚向后退一小步落地（图19-03）；
4. 左脚脚尖勾起，脚跟迅速向后上踢，尽量踢到臀部（图19-04）；
5. 左脚向后退一小步落地（图19-05）；
6. 右脚脚尖勾起，脚跟迅速向后上踢，尽量踢到臀部（图19-06）；
7. 右脚向后退一小步落地（图19-07）；
8. 左脚脚尖勾起，脚跟迅速向后上踢，尽量踢到臀部（图19-08）；
9. 左脚向下落于右腿侧，不踏地（图19-09）。

19-01

19-02

19-03

19-04

19-05

19-06

19-07

19-08

19-09

第十九式·倒撵肱

上盘

接上式

1. 右手由拳变掌逆时针向下划弧，过裆前向右（图19–10），经身体右后侧向上（图19–11），至右手高与右耳齐（图19–12、图19–12a）；
2. 左手由拳变掌，循身中线向下顺时针划弧，过裆前向左，落于左腿前（图19–12、图19–12a）；
3. 右手向前循身中线向下划弧，过裆前向右，落于右腿前（图19–13、图19–13a）；
4. 左手经身体左后侧顺时针向上划弧，至左手高与左耳齐（图19–14、图19–14a）；
5. 左手向前循身中线向下划弧，过裆部向左，落于左腿前（图19–15、图19–15a）；
6. 右手经身体右后侧逆时针向上划弧，至右手高与右耳齐（图19–16、图19–16a）；
7. 右手向前循身中线向下划弧，过裆部向右，落于右腿前（图19–17、图19–17a）；
8. 左手经身体左后侧顺时针向上划弧，至左手高与左耳齐（图19–18、图19–18a）；
9. 左手向前循身中线向下划弧，落于小腹前（图19–19、图19–19a）。

19-10

19-11

19-12　a

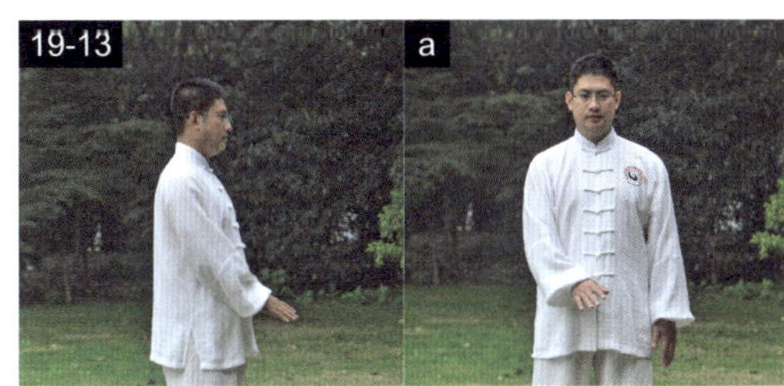
19-13　a

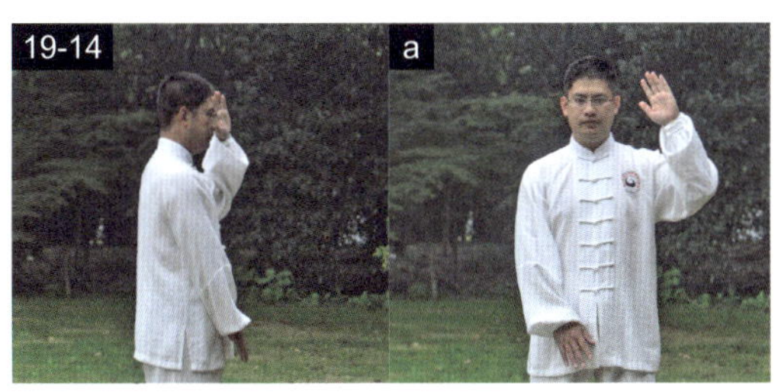
19-14　a

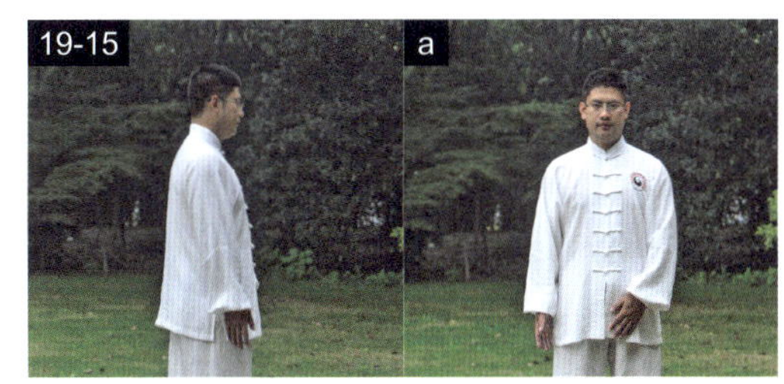
19-15　a

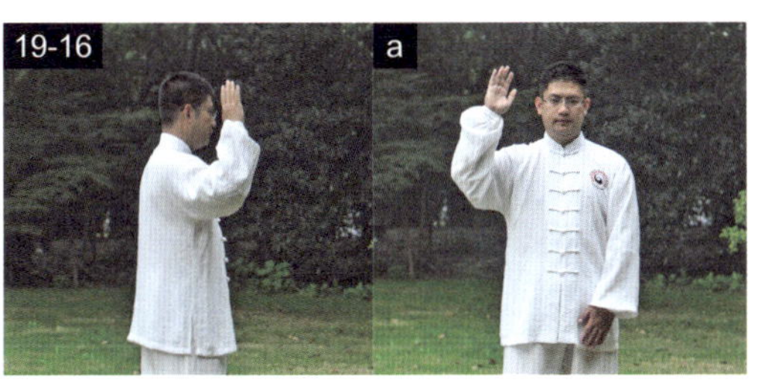
19-16　a

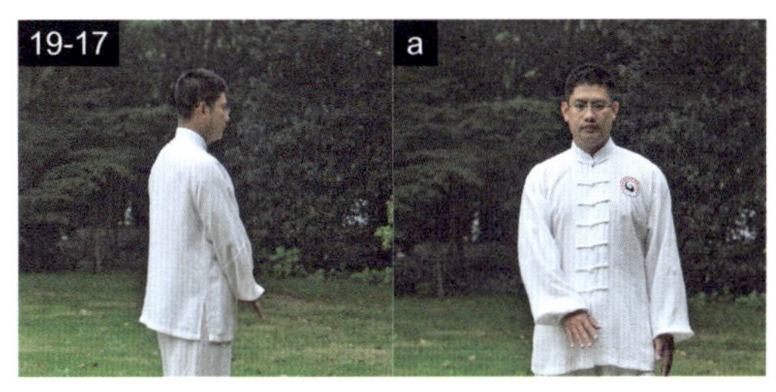
19-17　a

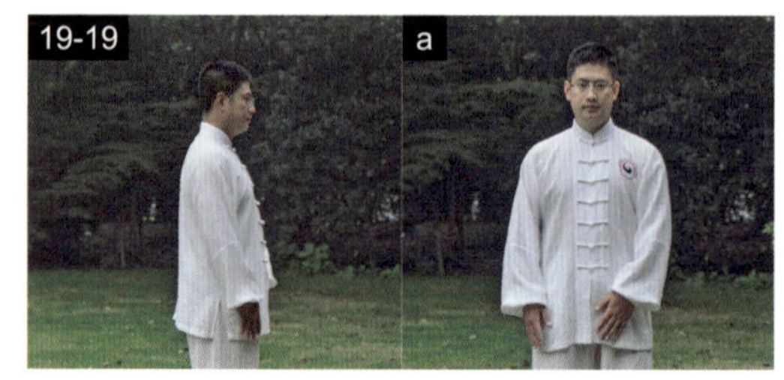

整体动作

接上式

1. 左右手同时由拳变掌向下划弧，右手过裆部向右，至上盘动作1节点完成，左手过裆部向左，至上盘动作2节点完成；同时，左脚脚跟落地，脚踏实，至下盘动作1节点完成（图19–20）；
2. 右脚脚尖勾起，脚跟迅速向后上（图19–21），尽量踢到臀部（图19–22），至下盘动作2节点完成，随后，右手向前循身中线向下划弧，过裆部向右，至上盘动作3节点完成，同时左手经身体左后侧顺时针向上划弧，至上盘动作4节点完成；与上盘动作同时，右脚向后退一小步落地，至下盘动作3节点完成（图19–23），面向正东；
3. 左脚脚尖勾起，脚跟迅速向后上，尽量踢到臀部（图19–24），至下盘动作4节点完成，随后，左手向前循身中线向下划弧，过裆部向左，至上盘动作5节点完成，同时右手经身体右后侧顺时针向上划弧，至上盘动作6节点完成；与上盘动作同时，左脚向后退一小步落地，至下盘动作5节点完成（图19–25）；
4. 右脚脚尖勾起，脚跟迅速向后上，尽量踢到臀部（图19–26），至下盘动作6节点完成，随后，右手向前循身中线向下划弧，过裆部向右，至上盘动作7节点完成，同时左手经身体左后侧顺时针向上划弧，至上盘动作8节点完成；与上盘动作同时，右脚向后退一小步落地，至下盘动作7节点完成（图19–27）；
5. 左脚脚尖勾起，脚跟迅速向后上，尽量踢到臀部（图19–28），至下盘动作8节点完成，随后，左手向前循身中线向下划弧，过裆部向左，至上盘动作9节点完成，同时左脚向下落，至下盘动作9节点完成（图19–29）；
6. 定式面朝正东方。

19-24

19-25

19-26

19-27

要领：

1. 在右脚首次后踢落地时，身体面向调整到面朝正东方；
2. 起脚要迅速；
3. 左右脚至少各走两步。

19-28

19-29

第二十式·左白鹅亮翅

下盘

接上式，起势面朝正东方。

1. 同第七式下盘动作第1节（参见图07–01至图07–02）；
2. 同第七式下盘动作第2节（参见图07–03至图07–04）。

上盘

接上式

1. 同第七式上盘动作第3节（参见图07–08至图07–09）；
2. 同第七式上盘动作第4节（参见图07–10）。

整体动作

接上式

1. 同第七式整体动作第3节（参见图07–13）；
2. 同第七式整体动作第4节（参见图07–14）；
3. 定式面朝东南方（图20–1）。

20-01

第二十一式·斜行

动作及要领同第八式（图 21-01）。

第二十二式·闪通背

下盘

接上式

1. 右脚尖外摆45°，右膝盖随之弓起，至小腿与地面垂直（图22-01）；
2. 右脚向左脚方向收三分之一步（两脚距离三等分），脚尖朝东南方向（图22-02）；
3. 左脚向右脚方向收三分之一步，脚尖踮地，脚尖朝东北方，成虚丁字步，两脚相距四指（图22-03），面向正东；
4. 左脚向正东方迈一步，脚尖朝东南方，左膝盖朝左脚尖方向弯曲，到小腿与地面垂直（图22-04）；
5. 右脚尖外摆90°，右膝盖朝右脚尖方向弯曲，至小腿与地面垂直，下盘成马步（图22-05）面向正南；
6. 左脚内扣45°，至脚尖朝正南方（图22-06）；
7. 右脚向左后方跨一步，落于左脚正后方，脚尖朝西北方向，膝盖朝脚尖方向弯曲，至小腿与地面垂直（图22-07）；
8. 左脚脚尖内扣90°，至脚尖朝西方，膝盖向后顶起，下盘成右弓步（图22-08），面向正西；
9. 左脚尖外摆90°，至脚尖朝南方（图22-09）；
10. 右脚向南方跨一步，落于左脚右前方，脚尖略朝右前方（图22-10），左脚向右脚方向上步，脚尖朝前，两脚平行与肩同宽（图22-11）。

22-01

22-02

22-03

22-04

22-05

22-06

22-07

22-08

22-09

22-10

22-11

上盘

1. 右手沿中线顺时针向上划弧，过鼻尖后向右，至身体右前侧；同时左手由勾手变掌，顺时针向左前方向上划弧，至身体左前侧（图22–12）；
2. 两手继续顺时针方向划弧，右手经右胯前向左划，左手过耳高度向右划（图22–13）；
3. 左手经面部向下落，手心落于右手肘上（图22–14、图22–14a）；
4. 右手从左手臂弯里划出，掌背向前向下打，落于裆前，掌心朝前，同时左手向下向后划弧，变勾手至身后，勾尖朝向尾闾（图22–15、图22–15a）；
5. 右手向前向上划弧，掌心朝上，至面前（图22–16）；
6. 左手勾手变掌向身前向上划弧，落于右手前方，同时右手翻掌至掌心朝下（图22–17）；
7. 右手向下划弧，循中线，落于裆前，手指尖朝下，掌心朝左；同时左手向右划弧至面前，手指尖朝上，掌心朝右（图22–18）；
8. 左手逆时针划弧下落，至裆前，同时右手向右划弧至右胯右前方（图22–19、图22–19a）；
9. 左手循中线向上划，同时右手逆时针向上划弧，左手至面前，拇指高与鼻尖齐，右手至头顶，手心朝百会穴（图22–20、图22–20a）；
10. 双手向下落，左手落于胸中线前，右手落于右肩前，两手均为阳掌，掌心朝前下方，手指尖朝前上方（指尖微偏右），高与肩齐，手腕保持顺直，两肘尖朝下，注意松肩坠肘（图22–21）；

22-12

22-13

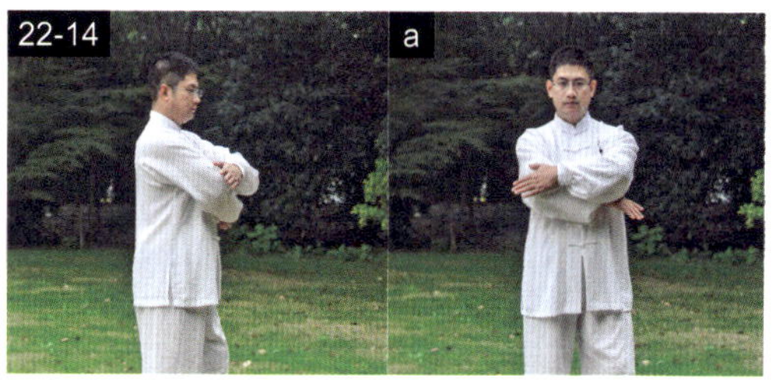
22-14 a

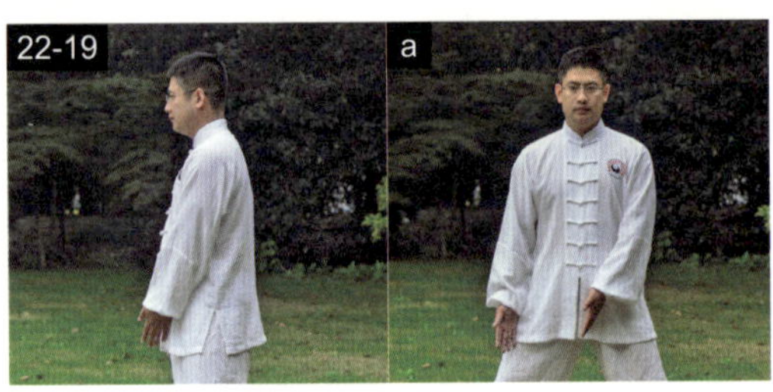

整体动作

接上式

1. 左手由勾手变掌，顺时针向左前方向上划弧；右手沿中线顺时针向上划弧，右手过右肩右前方向下时，右脚尖外摆45°，膝盖弓起；两手划至上盘动作1节点完成，下盘至下盘动作1节点完成（图22–22）；
2. 两手继续顺时针方向划弧，右手经右胯前向左划，同时右脚向左脚方向收三分之一步，至下盘动作2节点完成；左手过耳高度向右划，同时左脚向右脚方向收三分之一步，至下盘动作3节点完成，上盘动作至2节点完成（图22–23）；
3. 左手经面部向下落，手心落于右肘上，至上盘动作3节点完成（图22–24）；
4. 右手从左手臂弯里划出，掌背向前向下打，落于裆前，掌心朝前，同时左手向下向后划弧，变勾手落于身后，勾尖朝向尾间，至上盘动作4节点完成（图22–25）；

5. 右手向前向上划弧，掌心朝上，至面前，至上盘动作5节点完成（图22-26）；
6. 左手勾手变掌向身前向上划弧，同时左脚向正东方迈一步，脚尖朝东南方，至下盘动作4节点完成；左手落于右手前方，同时右手翻掌至掌心朝下至上盘动作6节点完成（图22-27）；
7. 右手向下划弧，循中线，落于裆前，同时左手向右划弧至面前，至上盘动作7节点完成，与上动同时右脚尖外摆90度，膝盖弯曲，至下盘动作5节点完成（图22-28）；
8. 左脚内扣45°，至下盘动作6节点完成；左手逆时针划弧下落，右手向右划弧，至上盘动作8节点完成，与左手下落同时右脚向左后方跨一步，至下盘动作7节点完成（图22-29）；
9. 左脚脚尖内扣90°，至脚尖朝西方，膝盖向后顶起，至下盘动作8节点完成，同时左手循中线向上划，右手逆时针向上划弧，至上盘动作9节点完成（图22-30）；
10. 双手向下落，左手落于胸中线前，右手落于右肩前，至上盘动作10节点完成，同时左脚尖外摆90°，右脚向南跨一步，左脚跟上，至下盘动作9、10节点完成（图22-31）；
11. 定式同右白鹅亮翅式，面朝正南。

22-24

22-25

要领：

1. 此式过程中身形转化较多，各个方位改变时注意脚上动作；
2. 最后向前上步，注意手到脚到，手脚同步。

22-26

22-27

22-28

22-29

22-30

22-31

第二十三式·右白鹅亮翅

下盘

接上式，起势面向正南方。

1. 右脚向前跨一步，脚尖略朝右前方（图23-01），左脚向右脚方向上步，脚尖朝前（图23-02）。

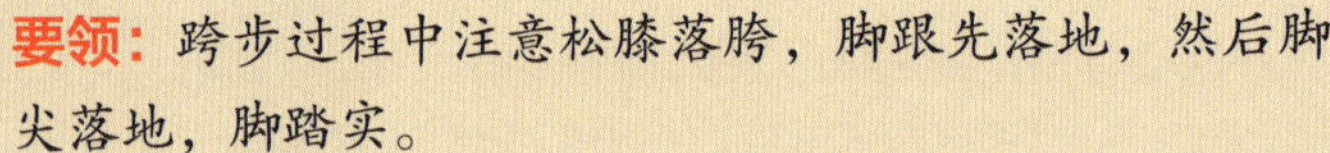

要领：跨步过程中注意松膝落胯，脚跟先落地，然后脚尖落地，脚踏实。

上盘

接上式

1. 双手逆时针划弧，右手带肘收至胸中线前，右手拇指至鼻尖前，右手为侧立掌，手指尖朝前上方，掌心朝左，手腕顺直，肘尖朝下；左手在左肩前（图23-03）；
2. 右手带肘逆时针沿胸中线向下划弧；右手过小腹后向右划，至右腿右前侧，右手为侧立掌，指尖右斜下方，掌心朝左斜下方，同时左手逆时针划弧，经左胯前向右至小腹前，手为侧立掌，指尖斜朝下，掌心朝右，（图23-04）；
3. 双手继续逆时针向上划弧，左手基本沿胸中线上划至拇指与鼻尖齐的高度，侧立掌，指尖朝上，掌心朝右；右手心划至百会穴上方，阳掌，掌心朝下，手指尖朝左上方，手腕保持顺直（图23-05）；
4. 双手向胸前下落，左手落于胸中线前，右手落于右肩前，两手均为阳掌，掌心朝前下方，手指尖朝前上方（指尖微偏右），手腕保持顺直，两肘尖朝下，注意松肩坠肘（图23-06）。

整体动作

接上式

1. 双手逆时针方向划弧，至上盘动作1节点完成（图23–07）；
2. 右手带肘逆时针沿胸中线向下划弧，同时左手逆时针划弧，至上盘动作2节点完成（图23–08）；
3. 双手向上逆时针方向划弧，至上盘动作3节点完成（图23–09）；
4. 双手向胸前下落，至上盘动作4节点完成，同时右脚向前跨一步，至下盘动作1节点完成（图23–10、图23–11）；
5. 定式面朝正南。

23-07

23-08

23-11

23-09

23-10

第二十四式·单鞭

动作及要领同第五式。

第二十五式·云手

25-01

下盘

接上式

1. 右脚以脚跟为轴，脚尖外摆45°（图25-01）；
2. 右腿膝盖朝右脚尖方向弯曲，至小腿与地面垂直（图25-02）；左脚以脚跟为轴，脚尖内扣45°，膝盖向后顶起；下盘成右弓步（图25-03）；
3. 左脚尖外摆45°，左膝盖朝左脚方向弯曲，至小腿与地面垂直左腿成弓腿，下盘成马步（图25-04）；
4. 右脚以脚跟为轴，脚尖内扣45°，随后膝盖向后顶起，右腿成直腿，下盘成左弓步（图25-05）；
5. 右脚尖外摆45°，右膝盖朝右脚方向弯曲，至小腿与地面垂直右腿成弓腿，下盘成马步（图25-06）；
6. 左脚以脚跟为轴，脚尖内扣45°，随后膝盖向后顶起，左腿成直腿，下盘成右弓步（图25-07）。

25-02

25-03

25-04

25-05

25-06

25-07

上盘

接上式

1. 右手勾手变掌，顺时针向下划弧（图25-08），循身中线向上至拇指与鼻尖齐高，左手逆时针向下划弧至左跨左前方（图25-09）；
2. 右手顺时针向右划弧，经身右前侧向下，落于右胯右前侧；与右手动同时左手逆时针方向划弧，循中线向上，至拇指与鼻尖齐高（图25-10、图25-11、图25-12）；
3. 左手逆时针向左划弧，经身左前侧向下，落于左胯左前侧；与左手动同时右手顺时针方向划弧，循中线向上，至拇指与

25-08

鼻尖齐高（图25-13、图25-14、图25-15）；

4. 右手顺时针向右划弧，经身右前侧向下，落于右胯右前侧；与右手动同时左手逆时针方向划弧，循中线向上，至拇指与鼻尖齐高（图25-16、图25-17）。

25-09

25-10

25-11

25-12

25-13

25-14

25-15

25-16

25-17

整体动作

接上式

1. 右手勾手变掌，顺时针向下划弧，循身中线向上至拇指与鼻尖齐，同时左手逆时针向下划弧至左跨左前方，至上盘1节点完成（图25-18）；
2. 右手顺时针向右划弧，右腿膝盖向右脚尖方向弯曲，至小腿与地面垂直，右手经身右前侧向下，落于右胯右前侧；与右手动几乎同时左手逆时针方向划弧，左脚以脚跟为轴脚尖内扣，膝盖随时向后顶起，腿伸直，左手循中线向上，至拇指与鼻尖齐；上盘至动作2节点完成，下盘至动作1、2节点完成（图25-19）；
3. 左手逆时针向左划弧，同时左脚尖外摆45°，左腿膝盖向左脚尖方向弯曲，至小腿与地面垂直，至下盘动作3节点完成，左手经身左前侧向下，落于左胯左前侧；与左手动几乎同时右手顺时针方向划弧，右脚以脚跟为轴脚尖内扣，膝盖随时向后顶起，腿伸直，右手循中线向上，至拇指与鼻尖齐；上

25-18

25-19

盘至动作3节点完成，下盘至动作4节点完成（图25–20）；

4. 右手顺时针向右划弧，同时右脚尖外摆45°，右腿膝盖向右脚尖方向弯曲，至小腿与地面垂直，至下盘动作5节点完成，右手经身右前侧向下，落于右胯右前侧；与右手动几乎同时左手逆时针方向划弧，左脚以脚跟为轴脚尖内扣，膝盖随时向后顶起，腿伸直，左手循中线向上，至拇指与鼻尖齐；上盘至动作4节点完成，下盘至动作6节点完成（图25–21）；
5. 定式面朝南。

25-20

25-21

要领：如果单是练到此式，则最后左手可继续逆时针划弧，落于左胯左前方；如果连接后面动作，则至连贯动作4节点完成结束，开始转化下一式。

第二十六式·左高探马

26-01

26-02

下盘

接上式，起势面朝南。

1. 接上式，左脚以脚跟为轴，脚尖外摆45°，膝盖朝脚尖方向弯曲，至小腿与地面垂直（图26-01），随后右脚内扣90°（图26-02）；
2. 左脚向右脚方向收一步，成丁字步，左脚尖朝东北方向（图26-03），面向正东；
3. 左脚尖勾起，带左腿向上抬起，脚跟至与右膝盖齐（图26-04）；
4. 左脚向前踏地，脚尖朝正北方向，右脚向前跨一步，脚尖朝东北方，面向正北（图26-05）。

26-03

26-04

26-05

上盘

接上式

1. 左手逆时针方向划弧至左肩前，阳掌，掌心朝下；右手顺时针划弧至身前，阴掌，掌心朝上（图26-06、图26-07、图26-08）；
2. 双手逆时针抱球划弧（走前后侧立圆），左手由左前向下向内收至胸前，右手经中线右侧向上至面前（图26-09、图26-10）；
3. 左手内收至胸前，右手向前下方按出，两手指尖朝向东，左手掌心朝上，右手掌心朝下，面朝正北（图26-11、图26-12、图26-13、图26-13a）；

26-06

26-07

26-08

26-09

26-10

26-11

26-12

26-13　a

整体动作

接上式

1. 左手逆时针方向划弧至左肩前，左脚以脚跟为轴，脚尖外摆45°，膝盖弯曲，至小腿与地面垂直；右手顺时针划弧至身前，右脚尖内扣90°；随后左脚向右脚方向收一步，下盘动作至1、2节点完成，上盘动作至1节点完成（图26-14）；
2. 双手逆时针抱球划弧，左手由左前向下向内收至胸前，右手经中线右侧向上至面前，至上盘动作2节点完成；同右手动同时，左脚尖勾起，脚跟带左腿向上抬起，至与右膝盖齐，至下盘动作3节点完成（图26-15）；
3. 左手内收至胸前，右手向前下方按出，至上盘动作3节点完成；与手动同时左脚向前踏地，右脚向前跨一步，至下盘动作4节点完成，面朝正北（图26-16）；
4. 定式面朝正北方。

26-14

26-15

26-16

第二十七式·右插脚

下盘

接上式，起势面朝正北方。

1. 右脚向左脚方向收一步，成丁字步，右脚尖踮地，脚跟微离地，脚跟正对左脚中间，两脚相距四指（图27–01）；
2. 双腿微屈膝下蹲（图27–02）；
3. 左腿蹬直，同时右脚脚尖绷直向上踢（图27–03）；
4. 右脚向左脚方向下落，成丁字步，右脚尖踮地，脚跟微离地，脚跟正对左脚中间，两脚相距四指（图27–04）。

27-01

27-02

27-03

27-04

上盘

接上式

1. 左手翻掌至掌心朝下，双手顺时针向右划弧（图27–05、图27–05a）；
2. 双手变拳顺时针向下向后划弧，左拳至身左侧，右拳至小腹前（图27–06、图27–06a）；
3. 双拳顺时针向上划弧，右拳至额前，左拳至头左侧（图27–07、图27–07a）；
4. 双拳变掌顺时针划弧，向右伸出，高与肩齐，掌心朝下（图27–08、图27–08a）；
5. 左手翻掌下落至胸前，右手收至面前，两掌心遥相对（图27–09）。

27-05　a

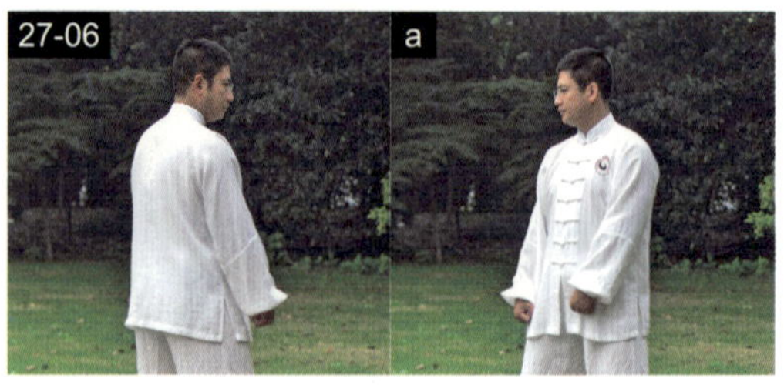
27-06　a

27-07　a

27-08　a

27-09

整体动作

接上式

1. 左手翻掌至掌心朝下，双手顺时针向右划弧，至上盘动作1节点完成（图27–10）；
2. 双手变拳顺时针向下向后划弧，至上盘动作2节点完成；同时右脚向左脚方向收一步，成丁字步，至下盘动作1节点完成（图27–11）；
3. 双拳顺时针向上划弧，至上盘动作3节点完成。同时双腿微屈膝下蹲，至下盘动作2节点完成（图27–12）；

27-10

4. 双拳变掌顺时针划弧，向右伸出，掌心朝下，同时左腿蹬直，右脚脚尖绷直向上踢右掌，上盘至动作4节点完成，下盘至动作3节点完成（图27–13）；
5. 左手翻掌下落至胸前，右手收至面前，至上盘动作5节点完成；同时右脚向左脚方向下落，至下盘动作4节点完成（图27–14）；
6. 定式面朝正北方向。

27-11

27-12

27-13

27-14

第二十八式·右高探马

下盘

接上式，起势面朝正北方向。

1. 右脚尖勾起，脚跟带右腿向上抬起，脚跟至与左膝盖齐高（图28-01）；
2. 右脚向正东方踏地，脚尖朝东南方，左脚向东跨一步，脚尖朝东北方，面向正东（图28-02、图28-03）。

28-01

28-02

28-03

上盘

接上式

1. 双手逆时针抱球划弧（走前后侧立圆），右手由右前向下向内收至胸前，左手经中线左侧向上至面前（图28-04、图28-05）；
2. 右手内收至胸前，左手向前下方按出，两手指尖朝向东，左手掌心朝下，右手掌心朝上，面朝正东（图28-06、图28-07）。

28-04

28-05

28-06

28-07

整体动作

接上式

1. 双手逆时针抱球划弧，右手由右前向下向内收至胸前，左手经中线左侧向上至面前，至上盘动作1节点完成；与左手动同时，右脚尖勾起，脚跟带右腿向上抬起，至与左膝盖齐高，至下盘动作1节点完成（图28-08）；
2. 右手内收至胸前，左手向前下方按出，至上盘动作2节点完成；与手动同时右脚向前踏地，左脚向右脚前跨一步，至下盘动作2节点完成（图28-09）；
3. 定式面朝正东。

28-08

28-09

第二十九式·左插脚

下盘

接上式，起势面朝正东方向。

1. 左脚向右脚方向收一步，成丁字步，左脚尖踮地，脚跟微离地，脚跟正对左脚中间，两脚相距四指（图29–01）；
2. 双腿微屈膝下蹲（图29–02）；
3. 右腿蹬直，同时左脚向上踢（图29–03）；
4. 左脚向右脚方向下落，成丁字步，左脚尖踮地，脚跟微离地，脚跟正对右脚中间，两脚相距四指（图29–04）。

29-01

29-02

29-03

29-04

上盘

接上式

1. 右手翻掌至掌心朝下，双手逆时针向左划弧（图29–05）；
2. 双手变拳顺时针向下向后划弧，右拳至身右侧，左拳至小腹前（图29–06）；
3. 双拳顺时针向上划弧，左拳至额前，右拳至头右侧（图29–07）；
4. 双拳变掌逆时针划弧，向前伸出，高与肩齐，掌心朝下（图29–08）；
5. 双手落于两腿侧，掌心朝内（图29–09）。

29-05

29-06

29-07

整体动作

接上式

1. 右手翻掌至掌心朝下，双手顺时针向右划弧，至上盘动作1节点完成（图29–10）；
2. 双手变拳顺时针向下向后划弧，至上盘动作2节点完成；同时左脚向右脚方向收一步，成丁字步，至下盘动作1节点完成（图29–11）；
3. 双拳顺时针向上划弧，至上盘动作3节点完成。同时双腿微屈膝下蹲，至下盘动作2节点完成（图29–12）；
4. 双拳变掌顺时针划弧，向前伸出，掌心朝下，同时右腿蹬直，左脚向上踢左手手掌，上盘至动作4节点完成，下盘至动作3节点完成（图29–13）；
5. 双手落于两腿侧，掌心朝内，至上盘动作5节点完成；同时右脚向左脚方向下落，至下盘动作4节点完成（图29–14）；
6. 定式面朝正东方向。

第三十式·踡脚蹬跟

30-01

30-02

下盘

接上式，起势面向正东方向。

1. 左脚尖勾起，带左膝向上抬，至大腿与胯平（图30–01），同时右脚跟提起（图30–02）；
2. 以右脚脚尖为轴，左脚左膝带身体逆时针方向转90度，右脚跟落地，右脚尖朝东北方；左脚下落，左脚尖踮地，下盘成虚丁字步，面朝北（图30–03），
3. 左脚脚尖勾起，带左膝向上抬，至大腿与胯平，后脚跟迅速朝左侧蹬出，腿与胯蹬平（图30–04）；
4. 左脚落地，成丁字步，左脚跟对着右脚中间（图30–05）。

30-03

30-04

30-05

上盘

接上式

1. 双手握拳，分别经身体两侧向上划弧（图30–06、图30–06a），至面前，两拳拳眼相对，拳背朝上（图30–07、图30–07a）；
2. 两肘下沉，两拳翻转，内收，拳心朝自己，拳背朝前下方（图30–08、图30–08a）；
3. 两拳分别向身体两侧旋转打出，拳背朝上（图30–09）；
4. 两拳分别下落，左拳落到身后，拳背贴着命门，右拳落到小腹前，拳心朝自己，拳背朝前（图30–10、图30–10a）。

30-06　a

30-07　a

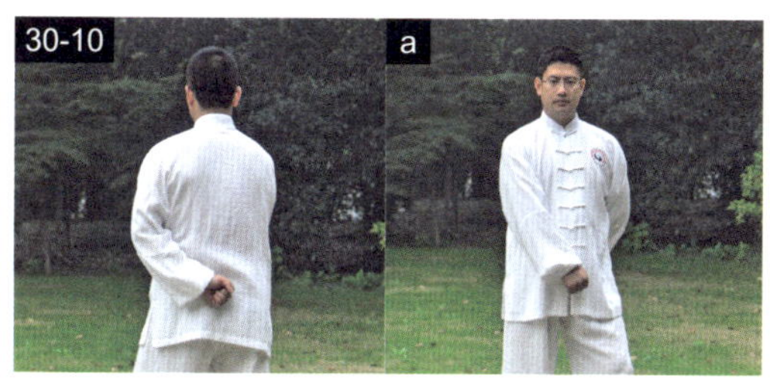

整体动作

接上式

1. 双手握拳，分别经身体两侧向上划弧，至上盘动作1节点完成；同时左脚尖勾起，带左膝向上抬，至大腿与胯平，且右脚跟提起，至下盘动作1节点完成（图30-11）；
2. 两肘下沉，两拳翻转，内收，至上盘动作2节点完成；同时以右脚脚尖为轴，左脚左膝带身体逆时针方向转90°，至下盘动作2节点完成（图30-12）；
3. 两拳分别向身体两侧旋转打出，至上盘动作3节点完成；同时左脚脚尖勾起，带左膝向上抬，至大腿与胯平，后脚跟迅速朝左蹬出，至下盘动作3节点完成（图30-13）；
4. 两拳分别下落，左拳落到身后，右拳落到小腹前，同时左脚落地，成丁字步，左脚跟对着右脚中间，上盘和下盘动作同时至4节点完成（图30-14）；
5. 定式面朝正北。

要领：转身过程中，感受开门的状态，即：右脚好比门轴，左腿带身体旋转。

第三十一式·鹞步

下盘

接上式，起势面朝正北方。

1. 右脚脚尖勾起，带脚跟向左膝盖方向抬起，脚跟至左膝前，右脚尖勾起斜朝右前方（图31-01）；
2. 右脚向下，踏到左脚尖前，成倒丁字步，右脚与左脚成90°，两脚相距四指，左脚尖对着右脚外侧中间；两膝盖微曲，左腿膝盖向前靠在右腿腘窝里（图31-02）。

31-01

31-02

上盘

接上式

1. 左拳由身后向上，逆时针方向划弧至面前；同时右拳顺时针向身体右侧划弧，至身后，拳心朝后（图31-03、图31-04）；
2. 左拳逆时针方向划弧向下落至小腹前，拳面朝下，拳背朝前；同时右拳向身后方划弧，至命门，拳背贴命门，拳心朝后（图31-05）。

31-03

31-04

31-05

整体动作

接上式

1. 左拳由身后向上，逆时针方向划弧至面前，右拳顺时针向身体右侧划弧，至上盘动作1节点完成，同时右脚脚尖勾起，带脚跟向左膝盖方向抬起，至下盘动作1节点完成（图31-06）；
2. 左拳逆时针方向划弧向下落至小腹前，右拳向身体后方划弧，至上盘动作2节点完成；同时右脚向下，踏到左脚尖前，成倒丁字步，至下盘动作2节点完成，左拳与右脚尖上下相照（图31-07）；
3. 定式面朝正北。

31-06

31-07

第三十二式·青龙探海

第三十二式·青龙探海

下盘

接上式，起势面向正北方。

1. 左脚向左跨一大步，脚跟落地，后脚尖落地，尖朝西北方向（图32–01）；
2. 左膝盖朝脚尖方向弯曲，至小腿与地面垂直，右脚尖内扣45°，膝盖向后顶起，腿蹬直，下盘成左弓步（图32–02）。

上盘

接上式

1. 右拳由身后向上，逆时针方向划弧至面前，拳背朝前；同时左拳顺时针向身体左侧划弧，至左腿左前侧，拳心朝自己（图32–03）；
2. 右拳逆时针方向划弧向下落，至身体左前方，拳面朝下，拳背朝前；同时左拳向身后方划弧，至命门，拳背贴命门，拳心朝后（图32–04）。

整体动作

接上式

1. 右拳由身后向上，逆时针方向划弧至面前，左拳顺时针向身体左侧划弧，至上盘动作1节点完成，同时左脚向左跨一大步，至下盘动作1节点完成（图32–05）；
2. 右拳逆时针方向划弧向下落，至身体左前方，左拳向身后方划弧，至上盘动作2节点完成；同时左膝盖朝脚尖方向弯曲，至下盘动作2节点完成，右拳与左脚尖上下相照（图32–06）；
3. 定式面向正北。

第三十三式·二起插脚

33-01

下盘

接上式，起势面向正北方。

1. 右脚脚尖外摆90°，膝盖向脚尖方向微曲（图33-01）；
2. 随后收左脚并向右脚方向跨一步，落在右脚前方，面向调整到正东方（图33-02）；
3. 右脚向前迈一小步（图33-03）；
4. 左脚脚尖勾起，向上提膝，至大腿与胯平（图33-04）；
5. 左脚下落，同时右脚迅速向上踢（图33-05），随后左脚落地，右脚落在左脚前，成丁字步（图33-06）。

33-02

33-03

33-04

33-05

33-06

上盘

接上式

1. 左拳顺时针向下向身前划弧，至左跨前（图33-07）；
2. 左拳与右拳一起向上划弧，同时带身体右转90°，至面朝正东，两拳划到额前，拳背朝前（图33-08、图33-09）；
3. 两拳顺时针划弧，左拳循中线至小腹前，右拳经身右侧至右胯前（图33-10/10a）；
4. 两拳顺时针向左划弧，左拳至左胯前向上，右拳至中线向上，至额前（图33-11/11a、图33-12/12a）；
5. 两拳变掌向前伸（图33-13），随后下落至身两侧（图33-14）。

33-07

33-08

33-09

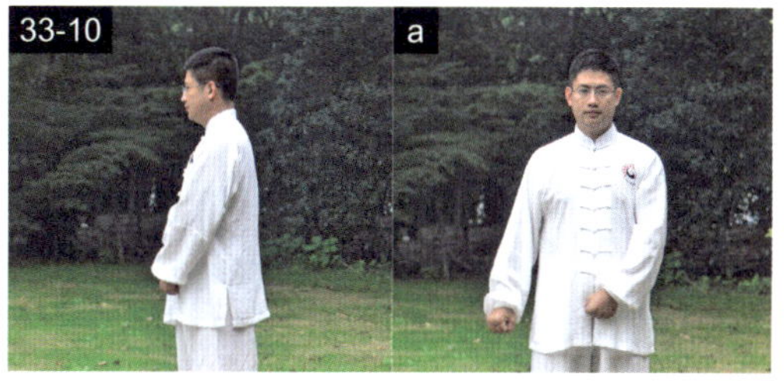
33-10 a

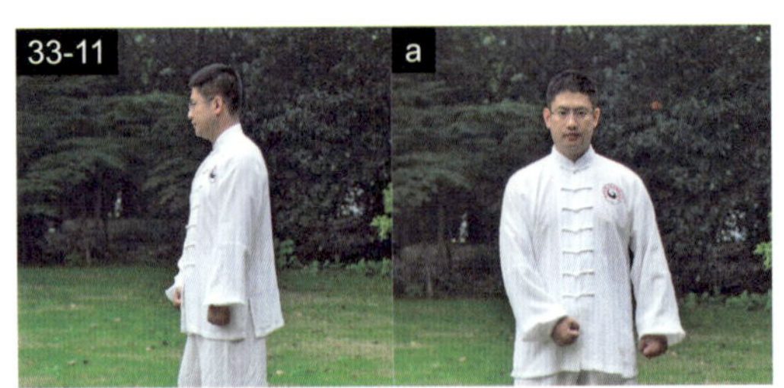

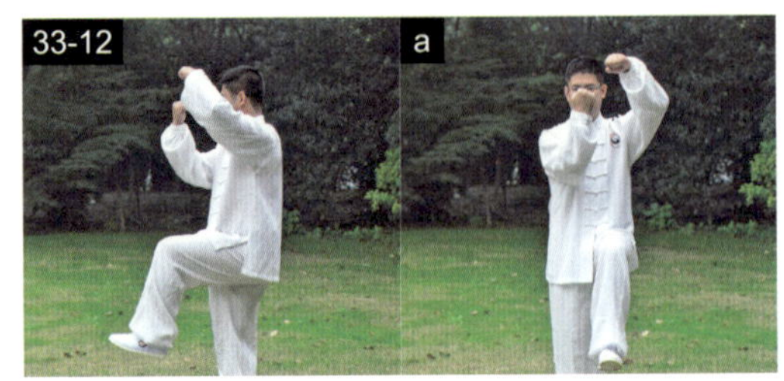

整体动作

接上式

1. 左拳顺时针向下向身前划弧，至左跨前，同时右脚脚尖外摆90°，膝盖向脚尖方向微曲，上盘和下盘均至动作1节点完成（图33–15）；
2. 两拳顺时针向上划弧，同时左脚向右脚前方跨一步，上盘和下盘均至动作2节点完成（图33–16）；
3. 两拳顺时针划弧，左拳至小腹前，右拳至右胯前，同时右脚向前迈一小步，上盘和下盘均至动作3节点完成（图33–17）；
4. 两拳顺时针向上划弧，同时带左腿上抬，上盘和下盘均至动作4节点完成（图33–18）；

5. 两拳变掌向前伸，同时左脚下落，右脚迅速向上用脚背踢右掌，后两脚落地，两手下落，上盘和下盘均至动作5节点完成（图33–19、图33–20、图33–21、图33–22）；
6. 定式面朝正东。

33-19

33-20

33-21

33-22

要领：

1. 在动作熟练后，整体动作4和5要连贯起来一气呵成，右脚在左脚落地之前起跳。

第三十四式·分门桩抱膝

下盘

接上式，起势面向正东。

1. 左脚向前迈一步，膝盖向脚尖方向弯曲，至小腿与地面垂直，成左弓步（图34–01）；
2. 右脚以脚跟为轴，脚尖外摆45°，右膝盖向脚尖方向弯曲，至小腿与地面垂直，下盘成马步（图34–02）；
3. 右脚以脚跟为轴，脚尖内扣45°（图34–03）；
4. 左脚往回收一步，下盘成虚丁字步，左脚尖踮地，脚跟对着右脚中间，两脚相距四指（图34–04）。

34-01

34-02

34-03

34-04

上盘

接上式

1. 两手从身体两侧向中间收，至胸前两手交叉，左手在上，右手在下，掌背相对，指尖朝前（图34–05）；
2. 两手向前插（图34–06）；
3. 两手分别向两侧划弧（图34–07）；
4. 两手向下划弧至腿两侧（图34–08）；
5. 两手向中间收，掌心朝前，手指朝下（图34–09）。

34-05

34-06

34-07

34-08

34-09

整体动作

接上式

1. 两手从身体两侧收至胸前，两手交叉，至上盘动作1节点完成（图34–10）；
2. 两手向前插，同时左脚向前迈一步，上盘至动作2节点完成，下盘至动作1节点完成（图34–11）；
3. 两手分别向两侧划弧，同时右脚尖外摆，上盘至动作3节点完成，下盘至动作2节点完成（图34–12）；
4. 两手向下划弧至两腿侧，同时右脚尖内扣，上盘至动作4节点完成，下盘至动作3节点完成（图34–13）；
5. 左脚向后收一步，同时两手向内划弧至左腿两侧，上盘至动作5节点完成，下盘至动作4节点完成（图34–14）；
6. 定式面朝正东。

34-11

34-10

34-12

34-13

34-14

第三十五式·蹉脚蹬跟

下盘

接上式，起势面向正东方。

1. 左脚脚尖勾起，带左膝向上提起（图35-01）；
2. 左脚带左膝逆时针转一周（图35-02）；
3. 左脚跟向前蹬出（图35-03）；
4. 左脚下落，脚尖虚踮地（图35-04）；
5. 以右脚前脚掌为轴，左腿带身顺时针旋转270°（图35-05、图35-06），左脚踏地，站稳（图35-07）；
6. 右脚勾起，带右腿逆时针划一周（图35-08、图35-09）；
7. 右脚尖勾起，右脚跟向身体右侧蹬出（图35-10）。

35-01

35-02

35-03

35-04

35-05

35-06

35-07

35-08

35-09

35-10

上盘

接上式

1. 两手向上提起（图35–11）；
2. 两手逆时针向内划圆一周，后翻掌向前推出（图35–12、图35–13、图35–13a、图35–14）；
3. 两手回收，左下落至左腿前侧，掌背贴着左腿，掌心斜朝上；右手掌心斜朝下（图35–15）；
4. 两手顺时针划弧，右手落在右腿侧，左手变勾手落在左腿侧，勾眼朝左腿（图35–16、图35–17、图35–18、图35–19）；
5. 右手掌背贴右腿内侧，逆时针划弧翻掌（图35–20、图35–21、图35–22、图35–23、图35–24）；
6. 右手向身体右上方砍出（图35–25）；

35-11

35-12

35-13 a

35-14

35-15

35-16

35-17

35-18

35-19

35-20

35-21

整体动作

接上式

1. 两手向上提膝，上盘和下盘均至动作1节点完成（图35–26）；
2. 两手逆时针向内划一周，随后两手向前翻掌按出，同时左脚跟向前蹬出，上盘至动作2节点完成，下盘至动作2、3节点完成（图35–27）；
3. 两手回收，左手下落，同时左脚落地，上盘至动作3节点完成，下盘至动作4节点完成（图35–28）；
4. 两手顺时针方向划弧，同时左脚带身体以右脚前脚掌为轴旋转270°，注意左手与左脚相合，同时带身体旋转，上盘至动作4节点完成，下盘至动作5节点完成（图35–29）；
5. 右手带右腿逆时针内旋一圈，上盘至动作5节点完成，下盘至动作6节点完成（图35–30）；
6. 右手翻掌向右上方砍出，同时右脚跟向右蹬出，上盘至动作6节点完成，下盘至动作7节点完成（图35–31、35–32）；
7. 定式面朝正北。

35-27

35-32

第三十六式·分马掌

下盘

接上式，起势面向正北。

1. 右脚落地，脚尖朝右（图36–01）；
2. 左脚向右脚右方跨一步（图36–02），同时右脚跟微离地，脚跟内扣90°，身体旋转180°，至面朝正南，两脚平行（图36–03）。

36-01

36-02

36-03

36-04

上盘

接上式

1. 右手逆时针方向划弧，后向身体右后侧方向砍出（图36–04、36–05、36–06、36–07）；
2. 左手顺时针方向划弧，后向身体左后侧方向砍出（图36–08、36–09、36–10、36–11）。

36-05

36-06

36-07

36-08

36-09

36-10

36-11

整体动作

接上式

1. 右脚落地，同时右手向身体右后侧方向砍出，上盘至动作1节点完成，下盘至动作1节点完成（图36–12）；
2. 左手逆时针方向划弧，左脚向右跨一步，带身体转180度，随后左手向身体左后侧方向砍出，上盘至动作2节点完成，下盘至动作2节点完成（图36–13）；
3. 定式面朝正南。

36-12

36-13

第三十七式·掩手捶

下盘

接上式，起势面朝正南。

1. 左脚向左横跨一步，脚尖朝左45°方向，随后膝盖向脚尖方向弯曲，至小腿与地面垂直，下盘成左弓步（图37–01）。

上盘

接上式

1. 两手同时顺指针方向划弧，左手至身体左侧，右手至中线（图37–02）；
2. 左手从身左侧顺时针向上划弧（图37–03），随后向右，带肘收至中线，左手拇指高与鼻尖齐；右手至身右前侧（图37–04）；
3. 右手握拳（图37–05）；
4. 右拳向左，从左手臂弯里打出（图37–06、37–07）。

37-01

37-02

37-03

37-04

37-05

37-06

37-07

整体动作

接上式

1. 两手顺时针方向划弧，至上盘动作1节点完成（图37–08）；
2. 两手顺时针方向划弧，至上盘动作2节点完成（图37–09）；
3. 右手划弧过程中握拳，至上盘动作3节点完成（图37–10）；
4. 右拳带左脚向左横跨一步，右拳从左手臂弯里打出，上盘至动作4节点完成，下盘至动作1节点完成（图37–11）。

37-08

37-09

37-10

37-11

第三十八式·抱头推山

下盘

接上式

1. 右脚脚尖外摆45°，膝盖朝脚尖方向弯曲，至小腿与地面垂直，下盘成马步（图38–01）；
2. 左脚脚尖内扣45°（图38–02）；
3. 左膝盖向后顶起，左腿蹬直，下盘成右弓步（图38–03）。

38-03

38-01

38-02

上盘

接上式

1. 左手向下顺时针方向划弧，过左膝后划向身后，至尾闾，掌背朝后（图38–04、38–05）；
2. 右手右拳变掌，逆时针方向向下向右划弧，过右膝后划向身后，至尾闾，掌背朝后（图38–06、38–07）；
3. 两手同时向上向前划弧，左手至头左侧，右手至头顶（图38–08）；
4. 两手向前按出，左手至胸前，右手至右肩前，两手高与肩齐（图38–09）。

38-04

38-05

38-06

38-07

38-08

38-09

整体动作

接上式

1. 左手向下顺时针方向划弧，至上盘动作1节点完成（图38–10）；
2. 右手右拳变掌，逆时针方向向右划弧，在右手过右膝同时，右脚尖外摆45°，随即右膝弯曲，至小腿与地面垂直，右手向后划弧至尾闾出，上盘至动作2节点完成，下盘至动作1节点完成（图38–11）；
3. 两手同时向上向前划弧，同时左脚尖内扣45°，上盘至动作3节点完成，下盘至动作2节点完成（图38–12）；
4. 两手向前按出，同时左膝向后顶起，左腿蹬直，上盘至动作4节点完成，下盘动作3节点完成（图38–13）。

38-10

38-11

38-12

38-13

第三十九式·右白鹅亮翅

下盘

接上式

1. 右脚尖内扣（图39–01）；
2. 左脚向右脚方向收一步，同时右膝盖向后顶起，右腿站直（图39–02）。

39-01

39-02

上盘

同第二十三式上盘动作 1–4 节（参见图 23–03 至图 23–06）。

整体动作

接上式

1. 双手逆时针方向划弧，至上盘动作1节点完成（图39–03）；
2. 右手带肘逆时针沿胸中线向下划弧，同时左手逆时针划弧，至上盘动作2节点完成（图39–04）；
3. 两手向上划弧，至上盘动作3节点完成，与右手至右耳高度后向上划弧过程中同步收右脚尖，至下盘动作1节点完成（图39–05）；
4. 两手下落，同时左脚往右脚方向横跨一步，上下同步完成上盘动作4节点和下盘动作2节点（图39–06）；
5. 定式面朝正南。

39-03

39-04

39-05

39-06

第四十式·单鞭

动作及要领同第五式（图40-01）。

第四十一式·前后照

下盘

接上式

1. 左脚尖内扣90°（图41–01）；
2. 右脚向左脚方向收一步，成虚丁字步，右脚脚尖踮地，脚跟对着左脚中间，两脚成90°，相距四指（图41–02）。

上盘

接上式

1. 右手勾手变掌，带肘收至胸前（图41–03）；
2. 左手带肘收至胸前，两前臂交叉，左臂在下，右臂在上，两掌背相对（图41–04、41–05）。

整体动作

接上式

1. 右手勾手变掌，带肘收至胸前，至上盘动作1节点完成（图41–06）；
2. 左手带肘收至胸前，同时左脚尖内扣90°，上盘至动作2节点完成，下盘至动作1节点完成（图41–07）；
3. 右脚向左脚方向收一步，同时身体向右转90°，至下盘动作2节点完成（图41–08）；
4. 定式面朝正西。

第四十二式·野马分鬃

下盘

接上式，起势面向正西。

1. 右脚顺时针，向前划弧，跨出一步，脚尖朝前，膝盖朝脚尖方向弯曲，至小腿与地面垂直，右脚在前，成前弓步，前腿弓腿，后腿蹬直（图42–01、42–01a）；
2. 左脚逆时针，向前划弧，跨出一步，脚尖朝前，膝盖朝脚尖方向弯曲，至小腿与地面垂直，左脚在前，成前弓步，前腿弓腿，后腿蹬直（图42–02、42–02a）；
3. 右脚顺时针，向前划弧，跨出一步，脚尖朝前，膝盖朝脚尖方向弯曲，至小腿与地面垂直，右脚在前，成前弓步，前腿弓腿，后腿蹬直（图42–03、42–03a）；
4. 左脚逆时针，向前划弧，跨出一步，脚尖朝前，膝盖朝脚尖方向弯曲，至小腿与地面垂直，左脚在前，成前弓步，前腿弓腿，后腿蹬直（图42–04、42–04a）；
5. 右脚顺时针，向前划弧，跨出一步，脚尖朝前，膝盖朝脚尖方向弯曲，至小腿与地面垂直，右脚在前；左脚向前收一小步，落于右脚后，下盘成丁字步，右脚脚跟对着左脚中间（图42–05、42–05a）。

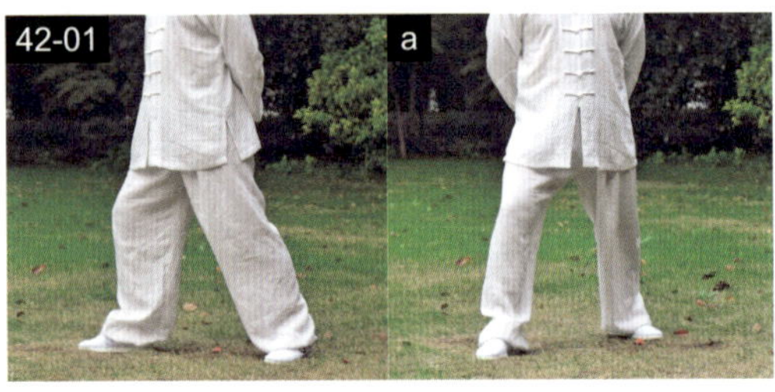
42-01 a

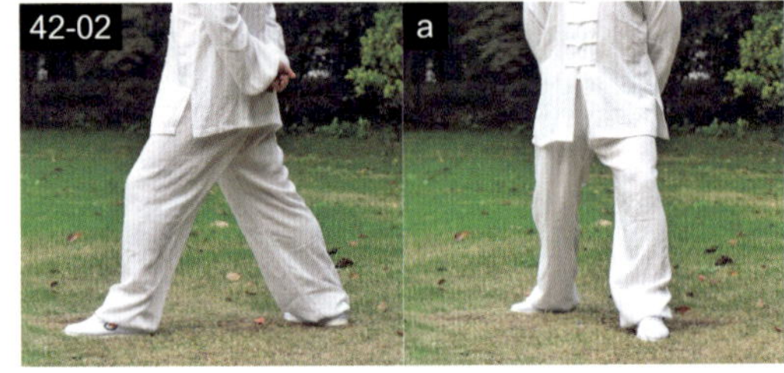
42-02 a

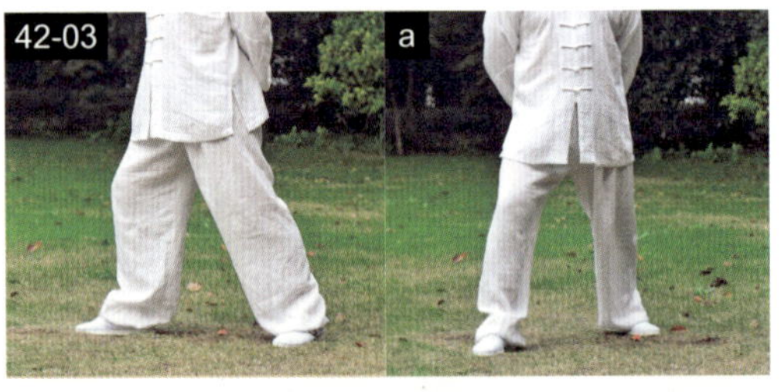
42-03 a

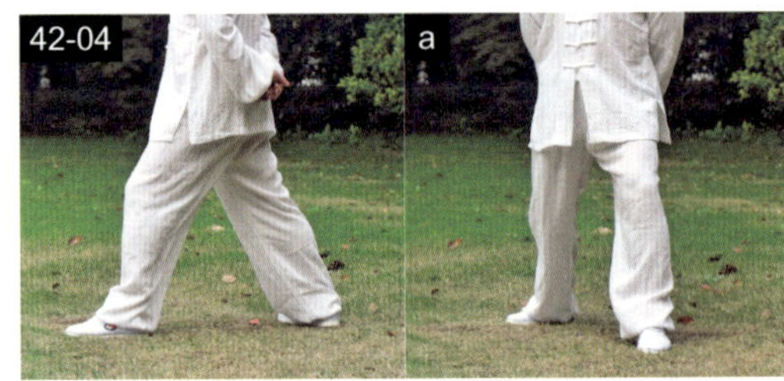
42-04 a

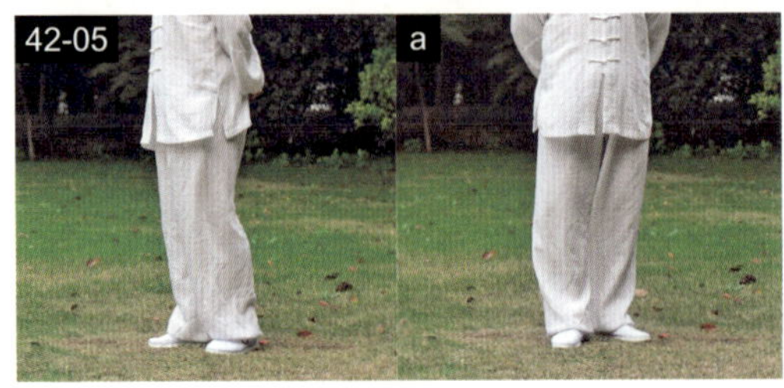
42-05 a

上盘

接上式

1. 右手顺时针方向划弧，至小腹前，同时左手下落至左腿侧（图42-06、42-06a）；
2. 右手循中线顺时针向上划弧，至胸前向右前翻掌按出（图42-07、42-07a、42-08、42-08a）；
3. 左手循中线逆时针向上划弧，至胸前向左前翻掌按出，同时右手向右向下顺时针划弧收至小腹前（图42-09、42-09a、42-10、42-10a、42-11、42-11a）；
4. 右手循中线顺时针向上划弧，至胸前向前翻掌按出，同时左手向左向下逆时针划弧收至小腹前（图42-12、42-12a、42-13、42-13a）；

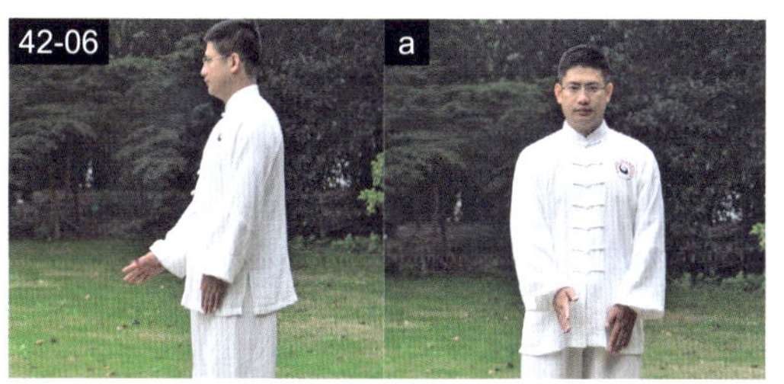
42-06 a

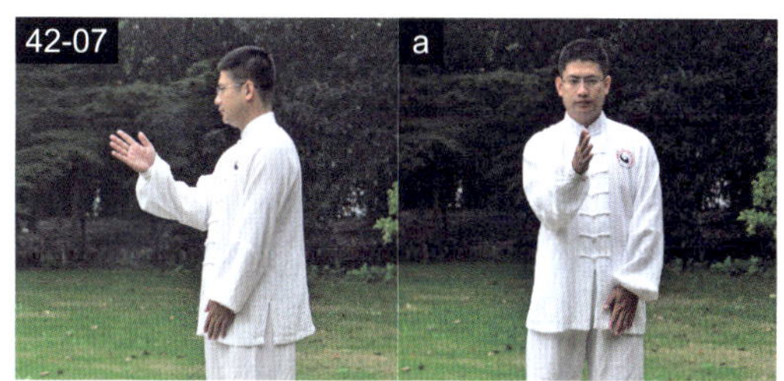
42-07 a

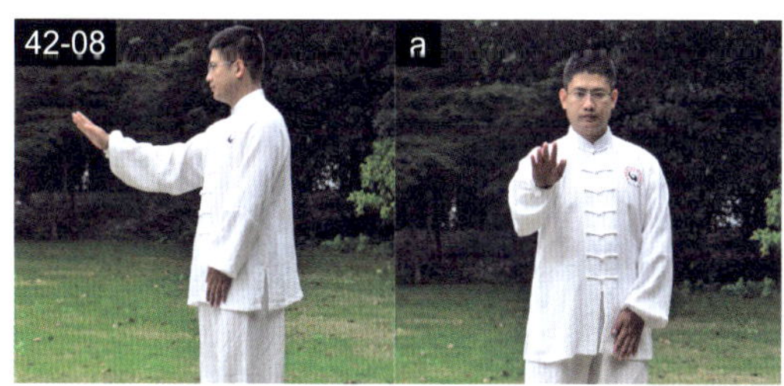
42-08 a

42-09 a

42-10 a

42-11 a

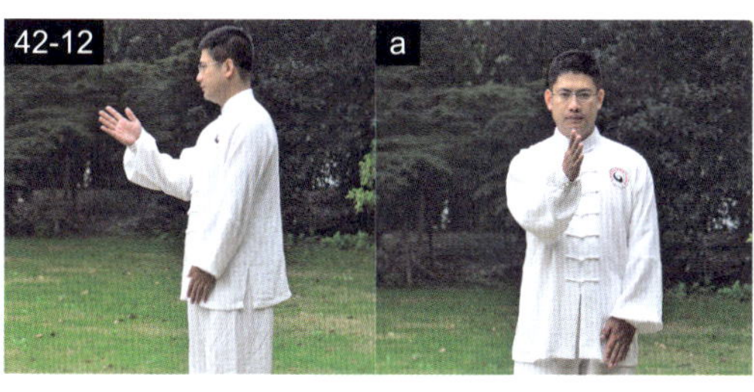
42-12 a

42-13 a

42-14

5. 左手循中线逆时针向上划弧，至胸前向前翻掌按出，同时右手向右向下顺时针划弧收至小腹前（图42-09、42-09a、42-10、42-10a、42-11、42-11a）；
6. 右手循中线顺时针向上划弧，至胸前向前翻掌按出，同时左手向左向下逆时针划弧收至小腹前（图42-12、42-12a、42-13、42-13a、42-14）。

整体动作

接上式

1. 右手顺时针方向划弧，至小腹前，同时左手下落至左腿侧，至上盘动作1节点完成（图42-15）；
2. 右手循中线向上划弧，至胸前向前按出，同时右脚向前走弧线，跨出一步，上盘至动作2节点完成，下盘至动作1节点完成（图42-16）；
3. 左手循中线向上划弧，至胸前向前按出，同时左脚向前走弧线，跨出一步，上盘至动作3节点完成，下盘至动作2节点完成（图42-17）；
4. 右手循中线向上划弧，至胸前向前按出，同时右脚向前走弧线，跨出一步，上盘至动作4节点完成，下盘至动作3节点完成（图42-18）；
5. 左手循中线向上划弧，至胸前向前按出，同时左脚向前走弧线，跨出一步，上盘至动作5节点完成，下盘至动作4节点完成（图42-19）；
6. 右手循中线向上划弧，至胸前向前按出，同时右脚向前走弧线，跨出一步，上盘至动作6节点完成，下盘至动作5节点完成（图42-20）；
7. 定式面朝正西。

42-15

42-16

42-17

42-18

42-19

42-20

第四十三式·玉女穿梭

下盘

接上式，起势面朝正西。

1. 右脚脚尖勾起，带膝盖向上抬起（图43-01）；
2. 右脚向前落下，脚尖朝右45° 方向（图43-02）；
3. 左脚向前（朝西）跨一小步（图43-03）；
4. 右脚跟内扣（图43-04）；
5. 左脚尖内扣（图43-05）；
6. 左脚跟外摆（图43-06）；
7. 右脚向西跨一大步（图43-07），脚尖朝西南方，膝盖朝脚尖方向弯曲，至小腿与地面垂直，左脚尖内扣，左膝盖向后顶起，下盘成右弓步（图43-08）。

43-01

43-02

43-03

43-04

43-05

43-06

43-07

43-08

上盘

接上式

1. 两手同时顺时针方向划圆，左手至面前，右手至小腹前（图43-09）；
2. 两手划圆至胸前，左手肘在上，阳掌，掌心朝下；右手肘在下，阴掌，掌心朝上（图43-10）；
3. 右手从左手臂弯里划出，落于身体右前方，阳掌，掌心朝前下方，指尖朝右前上方，注意松肩坠肘；同时左手落于左胯前，左手拇指按在腹股沟中间，其余四指与拇指并拢，掌背朝前，注意手腕保持顺直（图43-11）。

43-09

43-10

43-11

整体动作

接上式

1. 两手顺时针方向划圆，同时右脚脚尖勾起，带膝盖向上抬起，上盘和下盘均至动作1节点完成（图43–12）；
2. 右脚向前落下，左脚向西跨一步，右脚跟内扣，身体转向正北，同时两手画圆至胸前，下盘至动作2、3、4节点完成，上盘至动作2节点完成（图43–13）；
3. 左脚内扣，随后左脚跟外摆，下盘至动作5、6节点完成，同时两手继续划圆（图43–14）；
4. 右脚向西跨一大步，右手从左手臂弯里向上划至身体右前侧，上盘至动作3节点完成，下盘动作至7节点完成（图43–15）；
5. 定式面朝正南。

43-12

43-13

43-14

43-15

要领：

1. 整个过程中，转身270°；
2. 初学时两脚顺序：右脚跟内扣，左脚尖内扣，左脚跟外摆，右脚跨步，左脚尖内扣。

第四十四式·右白鹅亮翅

动作及要领同第四式（图 44–01）。

第四十五式·单鞭

动作及要领同第五式（图45–01）。

第四十六式·云手

下盘

接上式

1. 第1–6节同第二十五式下盘动作第1–6节（参见图25–01至图25–07）；
7. 左脚以脚跟为轴，脚尖外摆45度，膝盖朝脚尖方向弯曲，至小腿与地面垂直（图46–01），随后右脚向中间收三分之一步（图46–02）；
8. 左脚向中间收三分之一步，两脚平行与肩同宽（图46–03）。

上盘

接上式

1. 第1–4节同第二十五式上盘动作1–4节（参见图25–08至图25–17）；
5. 左手逆时针向左划弧，经身左前侧向下（图46–04）；
6. 左手划至左胯左前侧（图46–05）。

整体动作

接上式

1. 1–4节同第二十五式整体动作1–4节（参见图25–18至图25–21）；
5. 左手逆时针向左划弧，同时左脚尖外摆45°，膝盖弯曲；继而左手向下划弧，右脚向中间收三分之一步，上盘至动作5节点完成，下盘至动作7节点完成（图46–06）；
6. 左手划至左胯前，同时带左脚收三分之一步，上盘至动作6节点完成，下盘至动作8节点完成（图46–07）；
7. 定式面朝南。

第四十七式·童子拜观音

下盘

接上式，起势面向正南。

1. 两腿下蹲，注意脚跟不能离地（图47-01、图47-02）；
2. 两腿起立，大腿水平时，右脚尖勾起，带膝盖上抬，至左腿站直（图47-03）。

上盘

接上式

1. 两手在小腹前合十（图47-04）；
2. 两手沿身体中线向上，至拇指与鼻尖齐（图47-05、47-06）；
3. 两手分开，分别向两边划弧向下（图47-07）；
4. 两手至腿两侧握拳（图47-08），两拳眼相照，两拳向中间划弧向上，至胯前（图47-09）。

整体动作

接上式

1. 两手在小腹前合十，至上盘动作1节点完成（图47–10）；
2. 两手沿身体中线向上，至上盘动作2节点完成（图47–11）；
3. 两手分别向身体两侧划弧向下，同时两腿下蹲，上盘至动作3节点完成，下盘至动作1节点完成（图47–12）；

47-10

47-11

4. 两手握拳，两腿起立，两拳到右膝两侧，随身向上，上盘至动作4节点完成，下盘至动作2节点完成（图47–13）；
5. 定式面朝正南。

47-12

47-13

要领：

1. 两腿下蹲时一定要蹲到最低，脚跟不能离地，上盘不能往前倾，尽量保持立身中正；
2. 起身时，两拳与右膝盖同步。

第四十八式·跌岔

要领： 本式动作初级与中级高级练法不同，初级在两胯未开之前不要强行下势，以免对膝、胯产生不必要的损伤。

下盘

接上式

1. 右脚迅速踏地，脚尖朝右前方（图48–01）；
2. 左脚向左横跨一步，左脚落地后两膝盖弯曲，下盘成小马步，重心微偏右（图48–02）；

48-01

48-02

上盘

接上式

1. 两拳沿身前中线向上，至额前（图48–03）；
2. 两拳变掌（图48–04）；
3. 两掌分别向两边划弧下落，至两臂与肩平，掌心朝上（图48–05）。

48-03

48-04

48-05

整体动作

接上式

1. 两拳向上，至上盘动作1节点完成（图48–06）；
2. 两拳在额前变掌，同时右脚迅速踏地，上盘至动作2节点完成，下盘至动作1节点完成（图48–07）；
3. 两掌分别向两边划弧下落，同时左脚向左横跨一步，上盘至动作3节点完成，下盘至动作2节点完成（图48–08）；
4. 定式面朝正南。

48-06

48-07

48-08

第四十九式·扫堂

要领： 本式上盘只随下盘转身，没有手、臂其他动作，故不做上盘和下盘的分解。

整体动作

接上式，起势面朝正南。

1. 身体重心微向左移动（图49–01）；
2. 以左脚掌为圆心，右腿伸直，右腿带身向左逆时针划弧180°，后两腿站起，成两脚平行与肩同宽（图49–02）；
3. 定式面朝正北。

49-01

49-02

第五十式·左金鸡独立

下盘

接上式，起势面朝正北。

1. 左脚向前跨一小步（图50-01）；
2. 右脚向前跨一小步，与左脚站齐（图50-02）；
3. 右脚脚尖勾起，带膝盖向上抬，至大腿与胯平，小腿垂直于地面（图50-03）。

上盘

接上式

1. 左手向上逆时针经左耳向后向下划弧（图50-04），同时右手翻掌向下，落于右腿侧（图50-05）；
2. 左手过左耳后向下，变勾手，落于左腿侧，勾手勾尖朝后，勾背朝前（图50-06）；
3. 右手逆时针从下向前向上划弧（图50-07），绕头顶向下（图50-08），经下颌向上（图50-09），手刀向上，至额前，掌心朝前（图50-10、50-10a）。

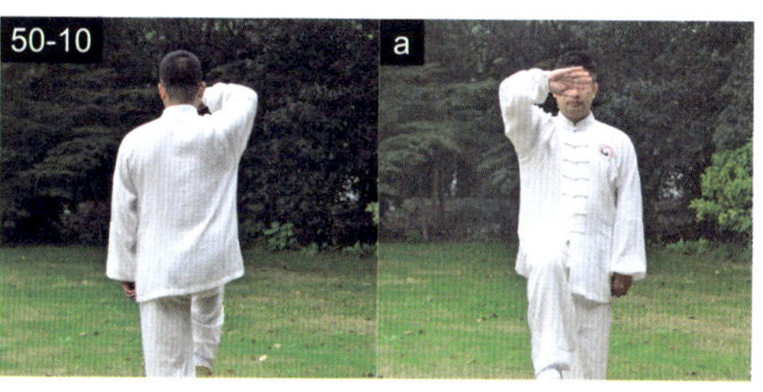

整体动作

接上式

1. 左手向上逆时针方向从前向后划弧，至上盘动作1节点完成，同时左脚向前跨一步，至下盘动作1节点完成（图50–11）；
2. 左手经左耳向下变勾手，落于左腿侧，同时右脚向前跨一小步，上盘至动作2节点完成，下盘至动作2节点完成（图50–12）；
3. 右手逆时针向上划弧，绕耳后经下颌向上，在右手向上同时起右脚右膝，上盘至动作3节点完成，下盘至动作3节点完成（图50–13）；
4. 定式面朝正北。

50-11

50-12

50-13

第五十一式·右金鸡独立

下盘

接上式，起势面朝正北。

1. 右脚下落（图51-01）；
2. 右脚尖勾起，带右膝向上抬腿，至大腿与胯平，右腿带身体，以左前脚掌为轴，顺时针转90°（图51-02）；
3. 右脚下落踏地（图51-03）；
4. 左脚脚尖勾起，带膝盖向上抬，至大腿与胯平，小腿垂直于地面（图51-04）。

51-01

51-02

51-03

51-04

上盘

接上式

1. 右手逆时针从前往后划弧，过右耳向下，至下颌下（图51-05、51-06）；
2. 右手手刀向上砍，至额前，掌心朝前（图51-07）；
3. 右手逆时针从前往后划弧，过右耳向下，落于右腿侧，掌心朝下，指尖朝前（图51-08、51-09）；
4. 左手勾手变掌，由下向前向上，逆时针方向划弧（图51-10），绕左耳向下（图51-11、51-12），经下颌向上（图51-13），手刀向上砍，至额前，掌心朝前（图51-14）；

51-05

51-06

51-07

51-08

51-09

51-10

51-11

51-14

51-12

51-13

整体动作

接上式

1. 右手逆时针从前往后划弧，过右耳向下，同时右脚下落，上盘至动作1节点完成，下盘至动作1节点完成（图51–15）；
2. 右手手刀向上砍，同时右脚尖勾起，带右膝上抬，大腿与胯平时，引身体右转90°，上盘至动作2节点，下盘至动作2节点完成（图51–16）；
3. 右手逆时针从前往后划弧，过右耳向下，同时右脚落地，右掌按在右腿侧，上盘至动作3节点完成，下盘至动作3节点完成（图51–17）；
4. 左手勾手变掌，逆时针向上划弧，绕耳后经下颌向上砍，在左手过下颌向上砍同时起左脚左膝（图51–18）；
5. 定式面朝正东。

51-15

51-16

51-17

51-18

第五十二式·双跌脚

下盘

接上式，起势面朝正东。

1. 左脚向下，不落地（图52–01）；
2. 左脚上抬，至大腿与胯平（图52–02）；
3. 左脚迅速踏地，左脚落地同时右脚迅速起脚踏地（图52–03），完成双震脚（图52–04）。

52-01

52-02

52-03

52-04

上盘

接上式

1. 左肘下沉（图52–05）；
2. 左手带左肘顺时针划弧，左手经左耳后向上向前（图52–06、52–07）；
3. 左肘迅速下沉，同时右手带右肘顺时针，从下向上向前划弧（图52–08），肘到身前迅速向下沉（图52–09）。

52-05

52-06

52-07

52-08

52-09

整体动作

接上式

1. 左肘下沉，同时左脚下落，上盘至动作1节点完成，下盘至动作1节点完成（图52–10）；
2. 左手带左肘顺时针划弧，同时左脚带左膝上抬，上盘至动作2节点完成，下盘至动作2节点完成（图52–11）；
3. 左肘迅速下沉，同时左脚迅速踏地，与左肘动作同时右手带肘划弧，左脚落地同时右脚抬起，右肘下沉右脚迅速踏地，完成双跌脚，至上盘和下盘动作3节点完成（图52–12、52–13）；
4. 定式面朝正东。

52-10

52-11

52-12

52-13

要领：

1. 双跌脚，脚要踏地有声，而且是两脚依次迅速踏地。

第五十三式·倒撵肱

下盘

接上式，起势面朝正东。

1. 左脚脚尖勾起，脚跟迅速向后上踢，尽量踢到臀部（图53-01）；
2. 左脚向后退一小步落地（图53-02）；
3. 第3-10节同第十九式下盘动作第2-9节（参见图19-02至图19-09）。

上盘

接上式

1. 左手顺时针经身体左侧向上划弧，至左手高与左耳齐（图53-03）；
2. 右手向前循身中线向下划弧，过裆部向右，落于右腿右前侧（图53-03）；
3. 左手循身中线向下顺时针划弧，过裆部向左，落于左腿左侧（图53-05）；
4. 右手经身体右后侧逆时针向上划弧，至右手高与右耳齐（图53-06）；
5. 第5-11节同第十九式上盘动作第3-9节（参见图19-13至图19-19a）。

整体动作

接上式

1. 左手顺时针经身体左侧向上划弧，同时右手向下划弧，至上盘动作1、2节点完成（图53–07）；
2. 左脚脚尖勾起，脚跟迅速向后上，尽量踢到臀部，至下盘动作1节点完成（图53–08），随后，左手向前循身中线向下划弧，过裆部向左，至上盘动作3节点完成，同时右手经身体右后侧顺时针向上划弧，至上盘动作4节点完成；与左手下划同时，左脚向后退一小步落地，至下盘动作2节点完成（图53–09）；
3. 第3–7节同第十九式整体动作第2–6节（参见图19–21至图19–29）。

53-07

53-08

53-09

第五十四式 · 左白鹅亮翅

动作及要领同第二十式（图 54–01）。

第五十五式·斜行

动作及要领同第二十一式（图 55–01）。

第五十六式·闪通背

动作及要领同第二十二式（图 56–01）。

56-01

第五十七式·右白鹅亮翅

动作及要领同第二十三式（图 57–01）。

第五十八式·单鞭

动作及要领同第二十四式（图 58–01）。

第五十九式·云手

动作及要领同第二十五式（图 59–01）。

59-01

第六十式·十字单摆脚

下盘

接上式

1. 左脚向右脚方向收一步，成丁字步（图60–01）；
2. 左脚向左前方跨一步，脚尖朝前（南）（图60–02）；
3. 左脚向右脚方向收一步，成丁字步（图60–03）；
4. 左脚向左前方跨一步，脚尖朝前（南），膝盖朝脚尖方向弯曲，至小腿与地面垂直（图60–04）；
5. 右脚向左前上方踢起（图60–05）。

60-01

60-02

60-03

60-04

60-05

上盘

接上式

1. 左手逆时针方向划弧，收至小腹前（图60–06）；
2. 左手逆时针方向划弧向左前方按出，同时右手顺时针划弧至胸前，左手掌心朝下，右手掌心朝上（图60–07、60–08）；
3. 两手抱球逆时针方向划弧，至两手交叉在胸前，左手在下，掌心朝上，右手在上，掌心朝下（图60–09、60–10）；
4. 两手顺时针方向划弧，至两手交叉在胸前，左手在上，掌心朝下，右手在下，掌心朝上（图60–11、60–12、60–13、60–14）；

60-06

60-07

60-08

60-09

60-10

60-11

60-12

60-13

60-14

整体动作

接上式

1. 左手逆时针方向划弧，经左胯前时候，带左脚向右脚方向收一步，上盘至动作1节点结束，下盘至动作1节点完成（图60–15）；
2. 左手逆时针方向划弧向左前方按出，与左手动同时左脚向左前方跨一步，上盘至动作2节点完成，下盘至动作2节点完成（图60–16）；
3. 两手抱球逆时针方向划弧，左手带左脚向右脚方向收一步，上盘至动作3节点完成，下盘至动作3节点完成（图60–17）；
4. 两手顺时针方向划弧，左手带左脚向左前方跨一步，上盘至动作4节点完成，下盘至动作4节点结束（图60–18）；
5. 右脚向左前上方踢起，以脚背踢左手掌，至下盘动作5节点完成（图60–19）；
6. 定式面朝正南。

要领：

连贯动作4、5之间间隔时间尽量要短，一气呵成。

60-15

60-16

60-17

60-18

60-19

第六十一式·吊打指裆锤

下盘

接上式，起势面朝正南。

1. 右脚向右后方跨一步（回到第六十式起脚时的位置），脚尖朝正右方（正西），膝盖向脚尖方向弯曲，至小腿与地面垂直（图61–01）。

上盘

接上式

1. 两手下落，左手向身后，握拳，至命门，拳背贴身，拳心朝后；右手握拳，逆时针划弧，至额前向下，落于裆前，拳背朝前（图61–02、61–03、61–04、61–05、61–06）。

整体动作

接上式

1. 两手一起下落，同时右脚向右后方跨一步，同时左手握拳至命门（图61–07）；右拳逆时针方向划弧至额前向下，同时右腿向脚尖方向弯曲，右拳落至裆前，右腿至小腿与地面垂直（图61–08）；
2. 定式面朝西南。

第六十二式·金刚三大对

下盘

接上式，起势面朝西南。

1. 右膝向后顶起，右腿伸直，成左弓步（图62-01）；
2. 第2-4节同第二式下盘动作第4-6节（参见图02-06至图02-09）。

上盘

同第二式上盘动作（参图02-10至图02-21）。

整体动作

接上式

1. 掤，两手由拳变掌向前向上划弧，同时右膝向后顶起，右腿伸直，上盘动作至1节点完成，同时下盘动作至1节点完成，成掤势（图62-02）；
2. 第2-7节同第二式整体动作3-8节（参见图02-24至图02-28）。

第六十三式·懒插衣

动作及要领同第三式（图 63–01）。

第六十四式·右砸七星

注意： 此式动作初级与中级高级有所区别，初学在胯未放松前，不用勉强下势。

下盘

接上式

1. 左脚尖外摆45度，膝盖朝脚尖方向弯曲，至小腿与地面垂直（图64–01）；
2. 右脚尖内扣45°，膝盖向后顶起，右腿伸直（图64–02）；
3. 右脚向右横跨一小步，脚尖朝右45°方向，膝盖微曲（图64–03）。

上盘

接上式

1. 左手顺时针方向划弧，向上，向右，至身中线前（图64–04、64–05、64–06）；
2. 两手一起顺时针方向划弧，左手循中线向下，经小腹前向左，后经左胯前向上，至左肩前；右手向下，经右胯前向左，循中线向上至面前（图64–07、64–08、64–09）；
3. 两手顺时针方向划弧，左手至左耳侧，掌心距耳四指；右手至身右侧，手臂伸直，手指朝右下方，掌心朝前（图64–10）。

64-09

64-10

整体动作

接上式

1. 左手顺时针方向划弧，上盘动作至1节点完成（图64–11）；
2. 两手顺时针方向划弧，与左手经小腹向左划弧同时左脚尖外摆，膝盖弯曲，随后右脚尖内扣，膝盖顶起，上盘动作至2节点完成，下盘动作至1、2节点完成（图64–12）；
3. 两手顺时针方向划弧，左手划至左耳侧，右手至身右侧，同时右脚向右横跨一小步，右手落于右腿内侧，掌背贴腿内侧，上盘动作至3节点完成，下盘动作至3节点完成（图64–13）；
4. 定式面朝正南方。

64-11

64-12

64-13

第六十五式·擒拿

注意：此式初学下盘没有动作，故不再做上盘和下盘的分解动作解析。

65-01

整体动作

接上式，起势面朝正南方。

1. 左手逆时针方向划弧，经身左侧向下（图65-01），过左胯前向右至身右侧（图65-02），左掌从右肘下穿过（图65-03），左手绕右臂转一圈（图65-04），随后两手握拳，左拳向左至左腿前，右拳翻转至右腿前，两拳拳背朝前（图65-05）；
2. 定式面朝正南。

65-02

65-03

65-04

65-05

第六十六式·回头看画

66-01

下盘

接上式，起势式面向正南。

1. 左脚向右逆时针方向划弧，左脚落回原地，脚尖朝正东（左）（图66–01、66–02、66–03、66–04）；
2. 右脚向左脚左前方跨一步（东南方），与右脚踏地同时左脚尖外摆90度，朝正北方，右脚落地脚尖朝正东方（图66–05、66–06、66–07）；
3. 右脚向正北方向迈一步，左脚跟上，成两脚平行与肩同宽（图66–08、66–09、66–10）。

66-02

66-03

66-04

66-05

66-06

66-07

66-08

66-09

66-10

上盘

接上式

1. 左拳逆时针方向划弧，循中线向上，过面部后向左，至头左前侧，拳心朝头部（图66–11、66–12、66–13）；
2. 右拳逆时针方向划弧，经右肩前向内，循中线向下，落于裆前，拳背朝前（图66–14、66–15、66–16）；
3. 右拳循中线向上，至面前（图66–17）；
4. 两拳向右前方打出，左拳至胸中线前，右拳至右肩前（图66–18、66–18a）。

66-11

66-12

66-13

66-14

66-15

66-16

66-17

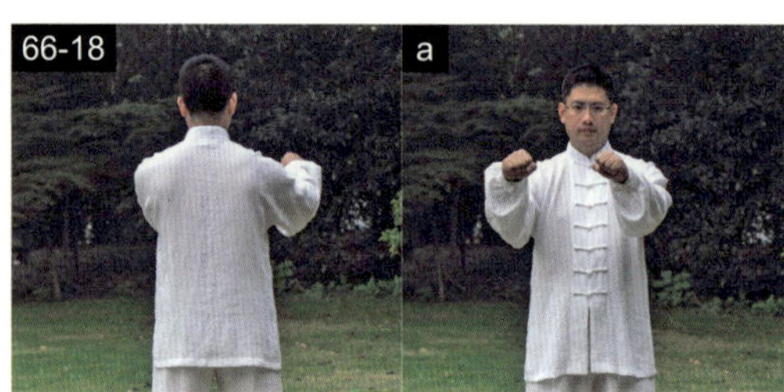
66-18 a

整体动作

接上式

1. 左拳逆时针方向划弧，带左脚划弧一周回到原处，上盘动作至1节点完成，下盘动作至1节点完成（图66–19）；
2. 右拳逆时针方向划弧，带右脚向左脚左前方跨一步，上盘至动作2节点完成，下盘至动作2节点完成（图66–20）；
3. 右拳向上，至上盘动作3节点完成（图66–21）；
4. 两拳向右前方旋转打出，同时右脚向北跨一步，左脚跟上，上盘至动作4节点完成，下盘至动作3节点完成（图66–22、66–23）；
5. 定式面朝正北方向。

66-19

66-20

66-21

66-22

66-23

第六十七式·右白鹅亮翅

下盘

接上式

同第二十三式下盘动作（参见图 23–01 至图 23–02）。

上盘

接上式

1. 两拳变掌，后同第二十三式上盘动作第1–4节（参见图23–03至图23–06）。

整体动作

接上式

1. 两拳变掌，后同第二十三式整体动作第1–4节，面向相反（参见图23–07至图23–11）。
5. 定式面朝正北。

第六十八式·单鞭

动作及要领同第五式，面向相反，起势朝向正北（图 68–01）。

第六十九式·左砸七星

注意：此式动作初级与中级高级有所区别，初学在胯未放松前，不用勉强下势。

69-01

下盘

接上式，起势面朝正北。

1. 右脚尖外摆45°，膝盖朝脚尖方向弯曲，至小腿与地面垂直（图69–01）；
2. 左脚尖内扣45° ，膝盖顶起，左腿伸直（图69–02）；
3. 左脚向左横跨一小步，脚尖朝左45°方向，膝盖微曲（图69–03）。

69-02

69-03

上盘

接上式

1. 右手勾手变掌逆时针方向划弧，向上，向左，至胸中线前（图69–04、69–05）；
2. 两手同时逆时针方向划弧，右手循中线向下，经小腹前向右，后经右胯前向上，至右肩前；左手向下，经左胯前向右，循中线向上至面前（图69–06、69–07、69–08）；
3. 两手逆时针方向划弧，右手至右耳侧，掌心距耳四指；左手至身左侧，手臂伸直，手指朝左下方，掌心朝前（图69–09）。

69-04

69-05

69-06

69-07

69-08

69-09

整体动作

接上式

1. 右手逆时针方向划弧，上盘动作至1节点完成（图69–10）；
2. 两手顺时针方向划弧，与右手过小腹向右划同时右脚尖外摆，膝盖弯曲，随后左脚尖内扣，膝盖顶起，上盘动作至2节点完成，下盘动作至1、2节点完成（图69–11）；
3. 两手顺时针方向划弧，右手划至右耳侧，左手至身左侧，同时左脚向左横跨一小步，左手落于左腿内侧，掌背贴腿内侧，上盘动作至3节点完成，下盘动作至3节点完成（图69–12）；
4. 定式面朝正北方。

69-10

69-11

69-12

第七十式·擒拿

注意：此式初学下盘没有动作，故不再做上盘和下盘的分解动作解析。

整体动作

接上式，起势面向正北方。

1. 右手顺时针方向划弧，经身右侧向下（图70–01），过右胯前向左至身左侧，右掌从左肘下穿过（图70–02），右手绕左臂转一圈（图70–03），随后两手握拳，右拳向右至右腿前，左拳翻转至左腿前，两拳拳背朝前（图70–04）；
2. 定式面朝正北方。

70-01

70-02

70-03

70-04

第七十一式·跨虎

下盘

接上式，起势面向正北方。

1. 右脚向两脚中间收三分之一步（图71–01）；
2. 左脚向两脚中间收三分之一步，两脚成丁字步（图71–02）；
3. 左脚脚尖勾起，带膝向上抬腿（图71–03），以右脚前脚掌为轴，左腿带身转180°，左脚落于右脚左前方（东南方），下盘成马步（图71–04、71–05、71–06）。

上盘

接上式

1. 右拳带肘逆时针方向划弧，右拳至胸前，右肘至右肩前（图71–07、71–08）；
2. 左拳带肘顺时针方向划弧，左拳至胸前，左肘至左肩前，两腕交叉，左臂在前，右臂在后（图71–09、71–10）；
3. 两拳交叉向内、向上、向外，翻转向下，至腹前变掌向两侧滑落绕至身后（图71–11、71–12、71–13）；
4. 左手从身体左侧向上顺时针方向划弧，手心过左耳侧向前，

然后循中线向下划弧，手过小腹后向后划弧，经身体左侧到身后，左手变勾手，勾尖朝向尾闾穴（图71-14、71-15、71-16、71-17）；

5. 右手从身体右侧向上逆时针方向划弧，手心过头顶后向前，循中线向下，落于胸前，手指尖高与肩齐，右手为斜侧立掌，指尖朝左前上方，掌心朝左后下方（图71-18）；

6. 左手勾手变掌，向身前顺时针方向划弧向上，至左肩前（图71-19、71-20、71-20a）。

71-12

71-13

71-14

71-15

71-16

71-17

71-18

71-19

71-20　a

整体动作

接上式

1. 右拳带肘逆时针方向划弧，同时右脚向两脚中间收三分之一步，上盘动作至1节点完成，下盘动作至1节点完成（图71–21）；
2. 左拳带肘顺时针方向划弧，同时左脚向两脚中间收三分之一步，上盘动作至2节点完成，下盘动作至2节点完成（图71–22）；
3. 两拳交叉翻转向下，变掌至划至身后，上盘动作至3节点完成（图71–23）；
4. 两手分别从身后向上向前划弧，至上盘动作4、5节点完成（图71–24）；
5. 左手从身后向前划弧，同时左脚起，带身体以右脚前脚掌为轴转180度，上盘动作至6节点完成，下盘动作至3节点完成（图71–25、71–26、71–27）；
6. 定式面朝正南方。

71-21

71-22

71-23

71-24

71-27

71-25

71-26

第七十二式 · 双摆脚

下盘

接上式，起势面向正南方。

1. 右脚顺时针向身左前方踢起（图72-01、72-02、72-03、72-04）；
2. 右脚顺时针向右划弧下落，落至原地，两膝弯曲，成马步（图72-05）。

上盘

接上式

1. 两手逆时针下落，左手至裆前，右手至右胯前（图72-06）。

整体动作

接上式

1. 右脚顺时针向身左前方踢起，后向右，脚背分别踢到两手，下盘动作至1节点完成（图72-07、08）；
2. 右脚向右跨一步回到原地，同时两手下落，上盘动作至1节点完成，下盘动作至2节点完成（图72-09）；
3. 定式面朝正南方。

第七十三式·弯弓射虎

下盘

接上式，起势面向正南方。

1. 左脚尖内扣45度，膝盖向后顶起，左腿伸直（图73-01）。

上盘

接上式

1. 两手逆时针方向划弧，左手循中线向上至面前握拳，右手从身右侧向上至右肩前握拳（图73-02），随后两拳划至胸前，两拳拳背朝前（图73-03）；
2. 两拳翻转向两边拉开，成拉弓势（图73-04）。

整体动作

接上式

1. 两手逆时针方向划弧，握拳，至胸前，上盘动作至1节点完成（图73-05）；
2. 两拳翻转向两边拉开，同时左脚尖内扣，腿伸直，上盘至动作2节点完成，下盘至动作1节点完成（图73-06）；
3. 定式面朝南。

第七十四式·金刚三大对

下盘

接上式

1. 左脚脚尖外摆45度，左膝朝脚尖方向弯曲，至小腿与地面垂直，继而右膝朝后顶起，右腿伸直，成左弓步（图74-01）；
2. 第2-4节同第二式下盘动作第4-6节（参见图02-06至图02-09）。

上盘

接上式

1. 两拳变掌，左手在左肩前，右手在胸前，两手高与肩齐，相距七寸到一尺（图74-02）；
2. 第2-6节同第二式上盘动作第2-6节（参见图02-11至图02-21）。

整体动作

接上式

1. 掤，两拳变掌，左手在左肩前，右手在胸前，同时左脚脚尖外摆45度，左膝朝脚尖方向弯曲，上盘动作至1节点完成，同时下盘动作至1节点完成，成掤势（图74-03）；
2. 第2-7节同第二式整体动作第3-8节（参见图02-24至图02-28）。

第七十五式·收式 合太极

下盘

接上式

1. 左脚向右后方跨一步（图75–01）；
2. 右脚向右后方跨一步，两脚平行与肩同宽（图75–02）。

75-01

75-02

上盘

接上式

1. 右拳变掌，两手向下至身两侧（图75–03）；
2. 第2–4节同第一式上盘动作2–4节（参见图01–04至图01–06）。

75-03

整体动作

接上式

1. 右拳变掌，两手向下至身两侧，上盘动作至1节点完成（图75–04）；
2. 左手向上划弧，同时左脚向右后方跨一步，上盘动作至2节点完成，下盘动作至1点完成（图75–05）；
3. 右手向上划弧，同时右脚向右后方跨一步，上盘动作至3节点完成，下盘动作至2点完成（图75–06）；
4. 两手在面前相合，并沿身体中线下划，至丹田后两手分开，回到身体两侧，上盘动作至4节点完成（图75–07、75–08）；
5. 定式面朝正南，回到无极式。

75-04

75-05

75-06

75-07

75-08

古籍篇

太极拳论

◎王宗岳

太极者，无极而生，动静之机，阴阳之母也。动之则分，静之则合。无过不及，随曲就伸。人刚我柔谓之走，我顺人背谓之粘。动急则急应，动缓则缓随。虽变化万端，而理为一贯。由着熟而渐悟懂劲，由懂劲而阶及神明。然非用力之久，不能豁然贯通焉。虚灵顶劲，气沉丹田。不偏不倚，忽隐忽现。左重则左虚，右重则右杳；仰之则弥高，俯之则弥深；进之则愈长，退之则愈促。一羽不能加，蝇虫不能落，人不知我，我独知人。英雄所向无敌，盖皆由此而及也。

斯技旁门甚多，虽势有区别，概不外乎壮欺弱，慢让快耳。有力打无力，手慢让手快， 是皆先天自然之能，非关学力而有为也。察四两拨千斤之句，显非力胜，观耄耋能御众之形，快何能为。立如平准，活似车轮，偏沉则随，双重则滞。每见数年纯功，不能运化者，率皆自为人制，双重之病未悟耳。欲避此病，须知阴阳；粘即是走，走即是粘，阴不离阳，阳不离阴；阴阳相济，方为懂劲。懂劲后，愈练愈精，默识揣摩，渐至从心所欲。本是舍己从人，多误舍近求远。所谓差之毫厘，谬以千里。学者不可不详辨焉。是为论。

九要论

◎佚　名

一要论

从来散之必有其统也，分之必有其合也。以故天壤间四面八方，纷纷者各有所属，千头万绪，攘攘者自有其源。盖一本可散为万殊，而万殊咸归于一本，事非有必然者哉。且武事之论，亦甚繁矣。而要之千变万化，无往非势，即无往非气势，虽难类，而气归于一。夫所谓一者，上至足底，内而有臟腑筋骨，外而有肌肉皮肤，五官百骸，相连而为一贯者也。破之而不开，撞之而不散，上欲动而下自随之，下欲动而上自领之，上下动而中节攻之，中节动而上下和之，内外相联，前后相需，所谓一以贯之者，其斯之谓欤。而要非勉强以致之，袭也而为之。当时而静，寂然堪然，居其所而稳如山岳。当时而动，如雷如塌，出乎尔而疾如闪电，且静无不静，表里上下，全无参差牵挂之意。动无不动，左前右后，并无抽扯游移之形，洵乎若水之就下，沛然而莫之御，若火机之内攻，发之而不及掩耳，不假思索，不烦拟议，诚不期然而然，莫之致而至，是岂无所致而云尔乎。盖气以日精而有益，功以久练而乃成。观圣人问一贯之传，必俟多闻强识之后，豁然之境，不费格物致知之功，是知事无难易，功惟自进，不可躐等，不烦急遽，按步就绪，循次而进，夫而后五官百骸肢节自有通贯，上下表里不难联络，庶乎散者统之，分者合之，四体百骸终归于一气而已矣。

二要论

天地间未有一往而不返者矣，亦未尝有直而无曲。盖物有对待，势有回还，今古不易之理也。尝有世之论捶者，而兼论气者也，夫气主于一，何分为二，所为二者，即呼吸也。呼吸即阴阳也。捶不能无动静，气不能无呼吸，吸则为阴，呼则为阳。主于静者为阴，主于动者为阳，上升为阳，下降为阴。阳气上行为阳，阳气下行而为阴；阴气上行即为阳，阴气下行仍为阴，此阴阳之分也。何为清浊？升而上者为清，降而下者为浊，清气上升，浊气下降，清者为阳，浊者为阴，而要之，阳以滋阴，阴以滋阳，浑而言之，为劲为气统为气，分而言之为阴为阳，气不能无阴阳，即所为人不能无动静，口不能无呼吸，鼻不能无出入，而所为对待循环不易之理也，然则气分为二，而实在于一，有志于斯者，甚勿以是为拘拘焉矣。

三要论

夫气本诸身，而身之节无定数，可分为叁，叁节者云：上、中、下者是也。以一身言之，头为上节，身为中节，腿为下节。以头面言之，天庭为上节，鼻为中节，海底为下节。以中节言之：胸为稍节、腹为中节，丹田为根节。以下节言之：足为稍节，膝为中节，胯为根节。以肱言之：以手为稍节，肘为中节，肩为根节。以手言之：指为稍节，掌为中节，掌根为根节。节观于此而足不必论矣。然则自顶至足，莫不各有叁节。要之既无非叁节之所为，即无非着意之处。盖上节不明，无依无宗；中节不明，浑身自空；下节不明，自家吃跌。故岂可忽乎哉。至于气之发动，要之皆稍节起，中节遂之。根节催之而已，然此犹是节节而分言之也，若夫合而言之，则上自头顶，下自足底，四体百骸，总为一节，夫何叁节之有哉？又何叁节中之各有叁节云乎哉？

四要论

试语论身论气之外，而进论夫稍者矣，夫稍节者，身之余绪也。言身者初不及此，言气者亦所罕闻。捶以由内而发外，气以本身而达稍，故气之为用，不本诸身，则虚而不实，不行诸稍，则实而仍虚。稍亦乌可弗讲。然此特身之稍耳，而犹未及乎稍之稍也。四稍维何？发其一也，夫发之所系，不列于五行，无关于四体，似无足论矣；然发为血之稍，血为气之海，纵不必本诸发以论气，要不能离乎血而生气，不离乎血，及不得不兼及乎发，发欲冲冠，血稍足矣。抑舌为肉稍，而肉为气之囊，气不能行诸肉之稍，即无以冲其气之量，故必舌欲摧齿，而后肉稍足矣。至于骨稍者，齿也。筋稍者，指甲也。气生于骨，而联于筋，不及乎齿，即未及乎骨之稍，而欲学稍足乎尔者，要非齿欲断筋，甲欲透骨不能也。果能如此，则四稍足矣。四稍足而气亦自足矣，岂复有虚而不实，实而仍虚者乎。

五要论

今夫捶以言势，势以言气，人得五臓以成形，即由五臓而生气，五臓实为性命之源，生气之本，而名心肝脾肺肾也。心为火，而有炎上之象；肝为木，而有曲直之形；脾为土，而有敦厚之势；肺为金，而有从革之能；肾为水，而有润下之功；此乃五臓之义，而有准之于气者，皆各有所配合也。此所以论武事者，要不外乎斯也。其在于内，胸膈为肺经之位，而为诸臓之华盖。故肺经动，而诸臓不能静。两乳之中为心，而肺包护之，肺之下，胃之上，心经之位也。心为君也，心火动，两相火无不奉命也。两肋之下，左为肝，右为脾，背脊十四骨节为肾，此固五臓之位也。然五臓之系，皆系于背，背故为肾，至于腰，则为两肾之本位；而为先夭之第一，尤为诸臓之根源。故肾水足，而金木水火土莫不各显生机焉，此乃五臓之部位也。且夫五臓存于内者，各有其定位，而且于身者，身亦有其专属，领顶脑背骨皆肾也。两耳亦为肾，两唇两腮皆脾也。两鬓则为肺，天庭为六阳之首，而萃五臟之精华，实为头面之主脑，不啻一身之座纛矣。印堂者，阳明胃气之衡，天庭欲起，机由此达。生发之气由肾而达于六阳，实为天庭之枢机也。两目皆为肝，而究之上包为脾，下包为胃，大角心经，小角为肠，白则为肺，黑则为肝，瞳子为肾，实亦五臟之精华所聚，而不得专为肝也。鼻空为肺，两颧为肾，耳门之前为胆经，耳后之高骨亦肾也。鼻居中央之地而为土，万物资生之源，实乃中气之主也。人中为血气之会，上冲印堂，达于天庭，亦为至要之所。两唇之下为承浆，承浆之下为地阁，上与天庭相应，亦肾经位也。颔下为颈项者，五臟之道途，气血之总会，前为饮食出入之道，后为肾气升降之途，肝气由之而左旋，脾气由之而右旋。其系更重，而为周身之要领。两乳为肝，肩俞为肺，两肘为肾，四肢属脾，两肩背膊皆为脾，而十指则为心肝脾肺肾也。膝与腰，皆为肾也。而脚跟为肾之要，涌泉为肾穴也。大约身之所系心者，为心窝也为肺；骨之露处皆为肾，筋之联处皆为肝，肉之厚处皆为脾。象其意，心如猛虎，肝如箭，脾其力大甚无穷，肝经之位最灵变，肾气一动快如风。其为用也，用其经举，凡身所属于某经者，终不能无意也。是在当局者，自为体验，而非笔墨之所能罄者也。至于生克制化，虽另有论，而执其要领自统会，究之五行百骸，总为一元，四体三心，合为一气，奚必沾沾于某一经络，节节而为之哉。

六要论

五臟既明，再论三合，所谓三合者，心与意合，气与力合，筋与骨合，内三合也。手与足合，肘与膝合，肩与胯合，外叁合也，此为六合。左手与右足相合，左肘与右膝相合，左肩与右胯相合，右之与左者亦然。以及头与手，掌与身合，身与步合，孰非外合，心与眼合，肝与筋合，脾与肉合，肺与身合，肾与骨合，孰非内合。岂惟六合而已哉。然此特分而言之也，总之一动而无不动，一合而无不合。五行百骸悉在其中矣哉。

七要论

既知三合六合，再论七进，夫七进者何也？头为六阳之首，而为周身之主，五官百骸莫不本此为向背，故头不可不进也。手为先行，根基在膊，膊不进则手而脚不可前矣。气聚诸腕，机关在腰，腰不进，而气则馁而不实矣，此所以腰贵于进也，意贯周身，运动在步，步不进而意则索然无能为也。此所以步必取其进也。以及上右必须要进左，上左必须要进右， 共为七进，孰非所以着力之地欤，而要之未及其进，合周身而毫无关动之意，一言其进，统全体而俱无抽扯之形也。

八要论

夫发手击敌，全赖身法之助，身法维何？纵横高低进退返侧而已。纵则放其势，一往而不返，横则裹其力，开括而莫阻，高则扬其身，而身若有增长之意，低则抑其

身，而身若有攒促之行，当进则进；殚其力而勇往直冲。当退则退，凌其气而回转扶势。至于返身顾后，后即前也。侧顾左右，左右恶敢当我哉，而要非拘拘焉。为之也察乎人之强弱，运乎己之机关，有忽纵而或退，纵横因势为变迁，不可一概而推，有忽高而或低，高低随时转移， 不可执格而论。时而宜进，故不可退，以馁其气。时而宜退，即以退，而鼓其进。是退固进也，即退而实以助其进，若反身顾后，而后亦不觉其为后。侧顾左右，而左右亦不觉左右矣。总之，机关在眼，变通在心，而握其要者，则本诸身。身而前，则四体不令而行矣；身而却，则百骸自莫不冥然而处矣。身法固可置而不论乎。

九要论

今夫五官百骸主于动，而实运以步，步乃一身之根基，运动之枢纽也。以故应战对敌，本诸身，而所以为身之砥柱者，莫非步。随机应变在于手，而所以为手之转移者，亦在步。进退反侧，非步何以作鼓荡之机，抑扬伸缩，非步无依无宗。变化之妙，所谓机关者在眼，变化者心，而所以转弯抹角，千变万化，而不至于窘迫者，何莫非步为之司命欤。而要非勉强以致之也。动作出于无心，鼓舞出于不觉，身欲动而步已为之周旋，手将动而步亦早为之逼催，不期然而已然。莫之驱而若驱，所谓上欲动而下自随之者，其斯之谓欤。且步分前后，有定位者步也；然而无定位者，亦为步也。如前步进之后步随之，前后自有定位矣，若前步作后步，后步作前步，更以前步作后之前步，后步作前之后步，作前后亦无定位矣。总之拳以论势，而握其要者步；活与不活，亦在于步，灵与不灵，亦在于步，步之为用大矣哉。

太极拳注讲

◎佚　名

此捶一名为心意，盖心意者，意自心出，拳随意发，总要知己知彼，随机应变。心气一发，四肢皆动，足起有地，膝臟无懈，动转有位，合膊望胯，三尖对照，心意气内三相合。拳与足合，肘与膝合，肩与胯合，外三相合。手心、足心、本心，三心一气相合，远不发手，捶打五尺以内，叁尺以外，不论前后左右，一步一捶，发手以得人为准，以不见形为妙。发手快似风箭，响如雨炮，出没遇众围，若如生鸟之入笼之状；逢单敌，似巨炮摧薄壁之势，骨节代势，勇跃直吞，未曾交手，一炁当先，既入其手，灵动为妙。见孔不打，见横打，见空不立，见横立，上中下总炁把定，身、足、手规矩绳束，手不望空起，亦不望空落，精明乖巧，全在灵活，能去能就，能刚能柔，能进能退，不动如山岳，难知如阴阳，无穷如天地，充实如太仓，浩渺如四海，眩耀如三光，察来势之机会，揣敌人之短长，静以待动，动以处静，借法容易上法难，还是上法最为先。向容者不可思误，思误者寸步难行。起手如箭攒，落手如风楼，催烹绝于楼手，昏合暗迷中，义路如闪电，两边抵防，左右反背，如虎搜山。斩捶勇猛不可当，斩稍迎面取中堂，抢上抢下势如虎，好似鹰鹞下鸡场。翻江搅海不须忙，单凤朝阳总为强，云背日月天地交，武艺相争见高低。步路寸关开把尺，劈面就去，上右腿进左步，此法前行，进人要进身，身手齐到是为真，发中有绝何从用，解开其意妙如神。鹞子攒林麻着翅，鹰捞四平足存身，取胜四稍要聚齐，不胜呼因含射心。计谋施运化，霹雳走精神，心毒称上策，手眼方胜人。何为闪，何为进，进即闪，闪即进，不必远求。何为打，何为顾，顾即打，打即顾，发手便是。心如火药，手如子，灵机一动鸟难飞；身是弓弦，手是箭，弦响鸟落显神奇。起手如闪电，闪电闪不及合眸。左腮手过右腮去，右腮手过左腮来，两手拘胁迎面出，五官之关防得严。拳从心内发，落向鼻尖落；力从足下起，快向心火作。五行金木水火土，火炎上而水就下，我有心肝脾肺肾，五行相推无差错。

太极拳道

◎邢喜怀

先师曰："习拳习道，理义须明。功不可间断，其艺乃精。"

夫拳之道者，阴阳之化生，动静之机变也。知气养而增命，善竞扑而全身，此为习拳之妙理。

气何以养？寅时吐纳，神守天根，意沉海底，心静息寂，神意互恋，升降吞液，腹中如轮，旋转如规。是以知水火之和气，为两肾所出。此人身性命之本，须"刻刻留意"为是。

扑何以善？手脚四肢皆听命于心神，动静虚实随意气而定取。上动下合，左转右旋，前移后趋，惟心神之所向，意气之所使也。腰为真机，而贯串肢节，势无所阻，是收内意者为用耳。

郑悟清宗师论太极拳

◎郑悟清

太极拳序

拳术所以锻炼身心振奋精神也。然我国拳术源流甚古，因其姿势功用之不同，而派别名称亦异。有以险奇为贵者，有以平易为贵者，则不尽然，皆能发达体育。而入主为奴，又纷呶无已。第溯其源流，则不外两家。即：武当与少林。是武当主柔，劲蓄於内。少林主刚，劲显於外。晚近以还少林之姿势甚盛，流传愈广，门类派别亦众。相率标新立异，趋尚险奇，渐有失却体育本旨之势。初学者习之辄事倍而功半，体弱者习之尤害多而利少。故余殊所不取。太极拳者，内家拳术中最平易而最能发达体育者也。故余嗜之特甚，无间寒暑，日必习之，习之既久，愈觉其奥妙无穷，其功用之伟，优点之多，诚非其他拳术所可企及。兹分为姿势、动作、用意、发劲、灵巧、养生数种述之如下：

一 姿势

太极拳之姿势甚多，总合之有五行八卦之分，是谓十三势。何为五行，进退顾盼停是也。何为八卦，掤、捋、挤、按、采、挒、肘、靠是也。以上十三势之姿势，为学太极拳者所必经之途经。往使吾人逐日演习，不稍间断，则若干年后，历练既深，拳术之中精奥，自能阐发无遗，而获益匪浅。

二 动作

太极拳之动作，须慢而匀。盖外家之拳术虽见速效，而流弊滋甚。若太极拳则以活动筋骨为主，故一切运动以柔活为上。惟其慢，始能柔。惟其匀，始能活。且各种动作俱成圆形，而一圆之中，虚实变化生焉。其无穷之奥妙，即在此虚实变化之中。初学者或未能知，习之既久，则得心应手，趣味无穷，即足以舒展筋骨，又能调和气血，可谓身心兼修，最合於发达体育之道者也。

三 用意

太极拳练习时纯任自然，不尚用力用气，而尚用意。用力则笨，用气则滞，是故沉气松力为要。气沉则呼吸调和，力松则发展先天之力。盖先天之力乃固有之力，后

天之力为勉强之力。前者其势顺，后者其势逆。太极拳主逆来顺受，以顺制逆者，故不须用过分之力。惟外家之拳术，其用力用气，每属於勉强，强人以难能，故渭之硬工。习之不当流弊滋多，且习硬工者，其力已尽量用出，毫无含蓄，虽习之多年，表面上似有增进，实则其内部之力，并未加长，若太极拳虽不用过分之力与气，而练习时全在意志，惟其能用意也，所以能使其力蓄於内不流露於外，气沉於丹田不停滞於胸。惟其不用过分之力与气，故练习之日既久，积蓄之气力愈大，至必要时，仍能运用自如，毫无困难与勉强。譬犹劳动者终日作工，非不用气力也，然其所有之气力皆已尽量用出，并无积蓄，故劳动若干年后，其气力依然如故，外家之硬工亦若是耳。

四 发劲

劲有刚柔之别。何为刚劲？无论劲之大小，含有抵抗性而一往无前者，谓之刚劲。何为柔劲？随敌劲以为伸缩，而不加抵抗者，谓之柔劲。太极拳之妙处，在与人交手时，不先取攻势，而能接受敌人之劲。初不加以抵抗，以其黏柔之力，化去敌人顽强之劲，待敌人一击不中，欲图谋再举之时，然后蹈瑕抵隙顺其势，而反守为攻，则敌人力竭之馀，重心移动，鲜有不失败者。盖太极拳之动作，本为无数圆形，而圆形之中，则为重心所在，处处立定脚跟，虽敌人发劲极强，而以逆来顺受之法，引之入彀，待敌人之劲既出，重心既失，然后从而制之，所谓避实就虚，以柔胜刚之法也。

五 灵巧

语云："熟能生巧"，太极拳即本此意以从事而深得个中三昧者，故太极拳之精粗，以工夫浅深为断，盖功夫深，则於其中之虚实变化皆已了然，既了然於虚实变化中，则能於虚实变化中求出巧妙之途径。故其所用之力，轻灵圆活。以视外工之用力用气，专主於一隅成为死笨之气力者，迥乎不同。且因其不用过分之力与气，故能持久而不敝，因其动作俱为圆形，故能处处稳定重心，重心稳定则基础巩固，无虑外力之来侵矣。

六 养生

拳术本属体育之一种，自以养生为主要，然此非所论外家之硬工，惟太极拳始真能养生，无论强弱老幼均可练习，吾人身体之发达，贵能平均，在生理上均有一定之程序，剧烈之运动，因不合於此种程序，结果多得其反，太极拳之动作则轻软异常，而一动全身皆动，於全身任何部分均无偏颇之弊，且因其动作柔和劲灵，故能调和气血，陶养性情，为最合於生理上之程序，能使身体平均发达者。且练习之时，无须用过分之力气，虽老弱病夫，亦不难为之，所谓祛病延年洵非虚语。

太极拳之练法说明

◎郑悟清

夫初练者，宜端正方向，以立根基。最忌粗心浮气，精神不属，眼不顾手，手不顾脚，此谓之盲练也。尤忌身形不活，手脚不随，即用猛力，处处夺力，而反能显力者，此痴练耳。倘能平心静气，住目凝神，轻摇之以松其肩，柔随之活其身，徐行之以稳其步，待至肩松身活步稳，然后镇头领气，以卫其力，力顺则气自通，气通则力自重。所学之法如是，练而习之，以期纯熟，则手眼步一致，心神气相同，自能臻自然而然之妙境矣。

太极初学要诀

◎郑悟清

初学而内要静空，周身而外要轻松。
内空静气行於外，外松而内有神精。
工夫不可须臾断，临用之时有奇能。

感恩篇

衷心感谢以下名单中各位同道的信任与付出，您对赵堡这门古太极拳法的广传做出了可贵的贡献！

致我们一起走过的日子

付聪聪

倪作恒

张　军

翁博嘉

张潘琪

朱亦希

陈小五　李由申　秦　涛　任俊鹏

施　平　孙军利　王斌奇　王尉涛

邬腾项　鱼李新　张晓伟　郑　杰

朱　惠　李泰余　林洁璐　刘会杰

沈亦周　张　桥　周　峰　杜睿辉

苏 律　王万宾　杨 光　包俊杰　董海军　李 梅　胡郁律　杨小锋　邓明君　石明旭
高 军　林 瀛　黄家树　欧阳志　李海军　巫柯蕾　李荃东

杜文郁　关勇正　吕贤义　陈跃飞　石 超　郜向前　张振国　余 熙　王有章　刘勇驰
徐 舒　李 瓒　傅秀娜　迟金龙　陈耀炜　孙 标　魏爱国　薛重晶　杨 悦　严 飞
左 俊　张 玫　吉洺萩　吴育涵　王 爽　孙志伟　高 莉　王秀丽　羊炳龙　郑 波
李 帆　徐 敏　王宏波　邓胜树　武 翔　陈 燕　秦 东　卢奇辉　王腾飞　王 鹏
金 海　张春光　金 怡　唐晓宇　王明丽　黄志伟　吴明辉　傅玉成　李 鸿　姚安庆
陆华平　殷旭东　赵洪福　李 红　李 波　赵生华　杨伶俐　张谊萨　刘骐玮　李 峰
元 元　张玉君　王海宗　陈学南　胡秋荣　金永泰　买仲春　蒋忠平　颜 华　詹高升
王 金　曾宪环　李鹏飞　虞 雷　卢奇微　王 婕　王俊良　王 杨　张玫姝　季东来
叶 钦　彭 云　姜国圣　鞠 佩　吴汶泰　冯家立　韩战波　姜志强　陈 达　罗 炜
许书锋　康 康　章雪青　李 雷　穆晓妍　谭小红　韩东宇　王 强　王 峰　许晓城
王凤武　张 杰　方志强　张炳松　文 缘　王学斌　黄 辉　魏建威　方 亮　郭金磊
罗光辉　张靖文　盛维良　李佃强　杜 樱　吴 冰　杨 鑫　徐 毅　陈 萍　杨荣龙
文利民　李冬梅　杨 涛　叶逢春　牛海龙　毛 颖　李明阳　孙 林　白 静　杜欣语
范高飚　李立新　薛重晶　崔江琴　范佳声　务孟良　徐 峰　杜长红　张恒星　姚颖迪
白向雨　何金潇　刘长炎　刘 渠　陈国庆　秦 宾　程金国　尹正林

后　记

自 2010 年完成第一版教程初稿，转眼间已过去了七年。这七年来“怎么通过书籍传授赵堡太极”这个问题一直使我为之倾尽心神。我脑海中的“知”要变成阅读者的“行”实在是一个巨大的挑战。

回想年少时热衷收集各式武学书籍，其中没有一本可以按图索骥练出拳法的。究其原因，一方面是作者描述的都是自己的“知”，插图描绘的动作多半自己会脑补其起承转合，而读者恰恰缺的就是其中的起承转合；另一方面，传承有序的武学基本都是一层功夫一层理，初级基础的肢体运转与进阶的练法必有不同，但作者基本都不作区分。

从关注自己的“知”，到把读者能否明白如何“行”作为衡量的重点；从不区分入门、进阶，到运用初级捏架体系。我希望通过上述“两条腿”，能走出一条通过书籍传授赵堡太极的新路，让书籍成为有力的工具更好地服务于广大拳法爱好者。

所谓万丈高楼从地起，入门的基础越准确扎实，以武入道的山才能登得更高。此次出版初级教程的初衷正是希望广大读者能够获得正确的入门学习途径，并由此打好拳架的基础，以后朝夕盘架方能渐入佳境。中级、高级的教程将在以后五到十年内陆续出版。

我在此次出版过程中常常想起师父、师爷在我年少初入门径时的教导，谆谆教诲常在耳旁。当时听起来简单，但是越走到后面越发现其中有无穷奥妙。赵堡太极拳自蒋发祖师经各代先贤传至我第十三代这里已跨越了四百余年。承载着师门恩泽，我深感压力巨大，如临深渊，如履薄冰，惟愿不辜负“能广传更好”的先贤遗训。

以拳入道犹如登山途中一层一景，我深知自己水平有限，权作引玉之砖，诚祈读者多提宝贵意见。

最后，感谢上海科技文献出版社的大力支持，使书稿得以付梓；感谢恩师岳崇和先生倾囊相授，使我通过太极拳将几近半残的双腿恢复如初，恩同再造，又鼎力支持本书的出版，使我免去很多顾虑。

在此，特别要纪念去年仙逝的师爷郑钧老先生。一声“永城啊……”犹在耳边，睥睨天下的眼神犹在脑海，点点滴滴永城我永不会忘记。

此次出版尝试了众筹的形式，感谢各位参与众筹的朋友们对我和弟子们的信任，愿大家收获多多。

2017 年元月